MERIAN *live!*

Französische Atlantikküste und Dordogne

Andreas Drouve

GU GRÄFE UND UNZER

Ein typisches Bastidendorf der Dordogne: Sarlat-la-Canéda

Inhalt

Feinsandiger Strand auf Hunderten von Kilometern, im Hinterland prähistorische Höhlen, mittelalterliche Orte, Pyrenäengipfel – Kontraste über Kontraste.

Dünen und Dolmen, stille Dörfer und lebhafte Städte, Schlösser und Seen, Sumpfgebiete und flache Inseln. Wie man das auf einen Nenner bringen kann? Ganz einfach: hinfahren, sich Zeit nehmen, aufspüren, genießen und – wiederkommen. Jede Landschaft zwischen der Loire im Norden und der Adour im Süden, zwischen der Atlantikküste und all den Weinanbaugebieten, den grünen Hügeln der Dordogne und den schroffen Gipfeln der Pyrenäen im Hinterland ist ihre eigenen Entdeckungen wert.

Behaglichkeit als Lebensgefühl

Es fällt nicht schwer, sich in Urlaubslaune zu bringen. Nicht an den endlos scheinenden Stränden, nicht in den Crêperien und Bars rund um Fischer- und Yachthäfen, nicht in all den pittoresken Orten am Meer und in den Bergen. Viel Natur, viel Kultur. Nehmen wir als Beispiele **St-Emilion** bei Bordeaux und **Sarlat-la-Canéda** in der Dordogne. Freiluftcafés in den lauschigsten Winkeln, Efeuranken an Mauern, Fontänen in Patios. Zur Zier noch

Der feinsandige Strand verläuft über mehr als 200 km an einem Stück

Blumentöpfchen hier, Rosenstöcke dort. Halt, wir könnten noch durch den Torbogen gehen, dahinter im Antiquitätenlädchen stöbern, in der Brasserie einen Wein probieren. Der behaglichen Stimmung in solchen Orten kann man sich schwerlich entziehen. Das ist keine Kosmetik, kein künstliches Gehabe, das ist Lebensgefühl.

Nun wollen wir aber Atlantikküste und Hinterland nicht romantisch verklären. Rund um **Bordeaux** sind manche Zonen von Autobahnen und Industrieanlagen zerfressen, in **Mimizan** stinkt die Papierfabrik zum Himmel, das Gleisgewirr in **Hendaye** ist einfach gräßlich. Aber im selben Bordeaux vergißt man solcherlei Scheußlichkeiten rasch beim Aufstieg auf den Glockenturm Pey-Berland, in Mimizan bei den endlosen Strandspaziergängen, in Hendaye an den malerischen Sporthäfen mit Blick auf Pyrenäen und Ozean.

Mimosen im Mikroklima

Die Hauptsaison dauert von Ende Juni bis Anfang September. Wer sich bei Strandfesten und in Diskotheken vergnügen, unter möglichst viele Leute mischen sowie Sonnen- und Meeresbäder genießen will, kommt eben in jenen Monaten, in denen auch die meisten Franzosen auf Achse sind. Besonders quirlig geht es dann in **La Rochelle**, **Royan**, **Arcachon**, **Anglet** und den Ferienzentren von Inseln wie **Ré** und **Oléron** zu. Die Kehrseite: Engpässe bei den

Ein Hauch Nostalgie: Leierkastenmann im Hafen von La Rochelle

Unterkünften, verstopfte Straßen, Parkplatzmangel und überlaufene Orte und Strände. Wer sich den rauhen Atlantikwind um die Nase wehen lassen, in Ruhe auf Kulturtour gehen und mit der Gastfreundschaft der Einheimischen intensive Bekanntschaft machen will, ist in der Nebensaison besser aufgehoben. Schließlich wird es nicht gleich kalt und ungemütlich. Vorgelagerte Atlantikinseln wie Oléron und Ré sind – unter Einfluß des Golfstroms – mit einem sehr milden Mikroklima und mehr als 2600 Sonnenstunden pro Jahr gesegnet. Das erlaubt dort selbst den Anbau von Spargel und Wein. Und die Mimosen entfalten schon Ende Januar ihre gelbe Pracht und sorgen so für reizvolle Kontraste zum Grün der Kiefern.

Vom Walfang zur Austernzucht

Das Meer hat die Menschen an der gesamten Atlantikküste geprägt. Waren es im Mittelalter Walfänger, die auf lange gefährliche Fahrt gingen, so sind es heute Trawler, die Sardinen, Seezungen, Thun- und Tintenfische in Häfen wie La Rochelle, Les Sables d'Olonne, Capbreton, Royan und Biarritz heimbringen. Die harte Arbeit der Fischer sorgt für eine große Auswahl auf Märkten und Speisekarten, auf denen auch Krustentiere nicht fehlen dürfen. Die Austernzucht ernährt viele. Allein im Becken **Marennes-Oléron**, einer der wichtigsten nationalen Austernbankzonen, leben 10 000 Menschen von den dickschaligen Muscheln, die vier Jahre bis zur Reife als Delikatesse brauchen. Die Wein- und Weinbrandproduktion von **Bordeaux** und **Cognac** gibt weit mehr Franzosen Beschäftigung. Rund 13 000 Erzeuger sind im Gebiet um Bordeaux ansässig und sorgen für den Weinexport in alle Welt.

Dordogne in leuchtenden Farben

Bäuerlich und von kleinen Parzellen geprägt ist die **Dordogne**, in der Gemüse, Getreide, Tabak, Walnüsse sowie Trauben für die Weinproduktion angebaut werden. Der Rebensaft hat Pate gestanden bei der jüngsten Namensgebung in diesem Landstrich, der von den Einheimischen immer noch nach der alten Provinz **Périgord** genannt und in vier Regionen unterteilt wird. Der neue Name **Périgord Pourpre**, das Purpurrote Périgord im Sü-

Hauptverkehrsmittel im Marais Poitevin ist das Boot

den und Südwesten des Départements Dordogne, lehnt sich an die Farbe des Weins an. Weiter gibt es das **Périgord Vert**, das an Wäldern und Wasser reiche Grüne Périgord im Norden. **Périgord Blanc**, das Weiße Périgord in der Zentralzone, rührt von den Kalksteinplateaus her. Und **Périgord Noir**, das Schwarze Périgord im Südosten, weist auf die Trüffel und die vielen Grotten im Tal der **Vézère**.

Die Wiege des Cromagnon

Daß es sich in der Dordogne gut leben läßt, wußte schon der Mensch der Vorgeschichte. Im Gebiet von **Les Eyzies** (selbsternannte »Welthauptstadt der Prähistorie«) und **Le Thot** steht die Wiege eines altsteinzeitlichen Vorfahren mit grobwüchsigem Körper, langem Schädel und breiter Nase: der Cromagnon. Die Fülle an Fundstätten beeindruckt ebenso wie die künstlerischen Adern unserer Urväter. Davon legen die mehr als 17 000 Jahre alten Steinritzungen und Malereien in Höhlen wie **Font-de-Gaume**, **Rouffignac** und **Lascaux** Zeugnis ab.

Amphitheater und Bastiden

Große Etappen der Menschheitsgeschichte kann man in der Dordogne, in ganz Aquitanien und – weiter nördlich – in der Charente-Maritime und der Vendée zurückverfolgen. Da sind es nicht nur Grotten im Périgord und im Baskenland, sondern drei- bis viertausendjährige Dolmen und Steinkreise, wie auf der **Ile d'Yeu** sowie im Gebiet um **Bourgneuf-en-Retz** und **Pornic**, Zeugnisse der Römerzeit, wie das Amphitheater und der Germanicusbogen in **Saintes**, und romanische Bauten an den alten Jakobspilgerwegen, wie im nahe Rochefort gelegenen **Aulnay** und im Pyrenäenort **St-Jean-Pied-de-Port**. Vielfach haben Burgen und Bastidenörtchen – man denke nur an **Domme** im Schwarzen Périgord – ihr mittelalterliches Gepräge bewahrt.

Zusammenspiel der Natur

Obgleich die Touristen in jüngster Zeit verstärkt zu Touren ins Hinterland neigen, bleibt der Reiz des Atlantikstreifens ungebrochen. Rund 500 Kilometer Küste zwischen den Mündungen von der Loire im Norden und dem Bidassoa im Süden: Wer mag da widerstehen? Das Zusammenspiel der Natur ist enorm, insbesondere an der **Côte des Landes** (zwischen der Mündung der Gironde und Cap Ferret) und der **Côte d'Argent** (zwischen Arcachon und Biarritz). Er wird von Dünenzonen und dem größten Kiefern- bzw. Pinienwald Frankreichs begrenzt. Und wenige Kilometer landeinwärts gelangt man an schöne Seen wie den **Lac de Lacanau**, den **Etang de Cazaux et de Sanguinet** und den **Etang de Biscarrosse et de Parentis**. Da macht es Spaß, sich Tretboot oder Fahrrad zu leihen und zu Wanderungen durch die

Natur aufzubrechen. Zum Beispiel auf den Inseln **Aix** und **Noirmoutier** und im Naturschutzgebiet bei **Le Teich**.

Auf Hunderten von Küstenkilometern eröffnen sich Tausende Möglichkeiten, die Freizeit nach eigenem Geschmack zu gestalten. Die Ruhebedürftigen buchen Meerwasserkuren (Thalassotherapie) oder schmoren einfach am Strand, die unermüdlich Aktiven mieten sich Kanus und Kajaks oder suchen das nächste Reitzentrum auf. Surfer und Bodyboarder zieht es an die rauhere **Côte Basque**, die baskische Küste, bei Biarritz und Anglet. Segel- und Surfschulen sind verbreitet. Nicht verschwiegen werden darf, daß mancher Strand zum Badevergnügen ungeeignet ist; wegen möglicher gefährlicher Strömungen sollte man sich nur an bewachten Stränden ins erfrischende Naß stürzen. Wann immer dort die grüne Flagge weht, ist das Baden unbedenklich. Bei Rot ist Schwimmen verboten.

Treffpunkt von Literaten und Staatsmännern

Bereits im Mittelalter liebte Königsgattin Eleonore von Aquitanien die Insel Oléron, der große spanische Maler Francisco José de Goya wählte Bordeaux in den 20er Jahren des 19. Jahrhunderts als freiwilliges Exil, Napoléon III. und Eugénie erkoren Biarritz 1854 als Sitz ihres kaiserlichen Palastes aus. Jahre zuvor hatte es Victor Hugo dorthin gezogen. Ihm folgten Literaten wie Alexandre Dumas und Emile Zola. In sein Haus bei St-Vincent-sur-Jard zog sich der einstige französische Ministerpräsident Georges Clemenceau (1841–1929) gegen Ende seiner politischen Karriere zurück. In jüngster Zeit – und bis zu seinem Tod 1996 – schöpfte Ex-Staatspräsident François Mitterrand immer wieder Kraft in seinem Landhaus bei Soustons. Einzig der vormalige Kaiser Napoléon Bonaparte wird unliebsame Erinnerungen von der Küsten-

LESETIP

Ein literarisches Denkmal hat **Pierre Loti** (1850–1923) seiner Heimatregion um Rochefort mit dem **Roman eines Kindes** (Manesse Verlag) gesetzt. In Lotis 1880 verfaßten Erinnerungen lebt man den Schmerz und die Versponnenheit des wohlbehüteten Knaben mit, der in der Provinz aufwächst. Er zeichnet ein anschauliches Bild vom Rochefort und dem Leben in Frankreichs Südwesten Mitte des 19. Jahrhunderts. Atmosphärisch dicht, liebenswert geschrieben.

gegend mit in die Verbannung genommen haben. Im Juli des Jahres 1815 verbrachte er die letzten Nächte auf französischem Festland in Rochefort, bevor er auf dem Weg nach Sankt Helena einige Tage auf der Insel Aix Station machte.

Bewohner mit rauher Herzlichkeit

Wer an die Atlantikküste und deren Hinterland reist, lernt keinen geschlossenen Kulturraum, sondern verschiedene Landschaften mit Menschen und ihren unterschiedlichsten Eigenarten und Temperamenten kennen. Die Bewohner – ob in der Dordogne oder im Poitou, ob im Baskenland oder in der Vendée – gelten als gelassene, gemütliche Zeitgenossen, denen Schwätzchen bei einem Glas Rotwein oftmals lieber sind als tiefschürfende politische Diskussionen über französischen Zentralismus und Atomversuche. Von knorrigem Charme sind die **Basken**, deren Freundlichkeit sich für manche Reisende erst auf den zweiten Blick offenbaren mag. Auf französischer Seite ist das baskische Streben nach Autonomie im Alltagsleben längst nicht so präsent wie auf spanischer. Indes pflegen die Basken ihr besonderes Kulturgut mit der Sprache **Euskara**, lokalen Festen und Traditionen wie dem **Pelotaspiel** (→ Der Besondere Tip, S. 30). Ein besonderes Erlebnis ist es, von der baskischen Küste landeinwärts hinaufzufahren in die **Pyrenäen**. Eine grüne Szenerie, durchsetzt mit kleinen Dörfern mit stolzen baskischen Häusern, die sich seit Jahrhunderten Wind und Wetter entgegenstellen.

Seebad mit dem bröckelnden Glanz der Belle Epoque: Biarritz

Einer Anreise in Zug oder Flugzeug steht fehlende Mobilität vor Ort entgegen, es sei denn, man bringt sein Fahrrad mit. Die meisten setzen aufs eigene Auto.

Mit Auto und Caravan

Wer nicht zur Gattung der Bleifüßler gehört, schafft die Anreise kaum in einem Tag. Alleine zwischen Karlsruhe/Köln und Bordeaux liegen etwa 1100 Kilometer. Wichtige Autobahnachsen führen über Paris, z. B. Saarbrücken – Metz – Reims sowie Aachen – Lüttich – Mons – Senlis. Auf den Ringen um Paris sollte man die Hauptverkehrszeiten dringend umgehen. Von Paris aus kann man die Anreise entweder an den nördlichen Teil der Atlantikküste (über Chartres–Le Mans–Angers–Nantes) oder Richtung Mittel- und Südteil sowie Dordogne (über Orléans – Tours – Poitiers–Bordeaux) fortsetzen. Nachteil auf französischen Autobahnen sind die erheblichen Gebühren (**péage**), die man an den Péage-Stationen auch mit Kreditkarten begleichen kann. Vorteilhaft sind ein relativ sicheres und schnelles Fortkommen sowie vorzüglich ausstaffierte Rast- und Parkplätze.

Wer die Autobahnmaut sparen will, weicht auf National- und Départementstraßen aus. Recht gute Alternativen sind folgende Strecken: Kaiserslautern – Saarbrücken – Nancy – Troyes – Auxerre – Bourges – Châteauroux – Poitiers–La Rochelle (oder alternativ weiter Richtung Bordeaux; ab Châteauroux kann man den direkten Südweg über Limoges nach Périgueux wählen). Oder Köln – Lüttich – Namur – Sedan – Reims – Troyes – Sens – Montargis – Orléans – Blois – Tours – Poitiers – La Rochelle (oder alternativ weiter Richtung Bordeaux). Eine kombinierte Anreise auf Landstraßen und Autobahnen führt von Freiburg/Basel über Mulhouse und Beaune weiter durch Autun, Moulins, Montluçon, Guéret und Bellac nach Angoulême.

In Frankeich schlagen auch Brückengebühren zu Buche. So bezahlt man für die Überfahrt von Rochefort über die Charente (Richtung Royan) 25 FF pro Auto, für die Hinfahrt über die Brücke hinüber zur Ile de Ré pro Auto 60 FF (Rückfahrt frei). Seit 1997 ist die Brücke hinüber nach Noirmoutier wieder gebührenpflichtig. Die Benzinpreise in Frankreich liegen etwa 10 bis 20 Prozent über denen in Deutschland. Am teuersten tankt man an der Autobahn, am billigsten an Einkaufszentren bzw. Großsupermärkten.

Für Campingvans und Caravane gilt in vielen französischen Küstenorten ein Parkverbot von 23 bis 7 Uhr.

Mit dem Bus

Busverbindungen mit Eurolines z. B. auf der Achse Wien – Salzburg – München – Stuttgart – Karlsruhe – Saarbrücken – Paris – Saintes – Bordeaux. Oder Hamburg – Hannover – Dortmund – Düsseldorf – Köln – Paris – Saintes – Bordeaux. Preis für Hin- und Rückfahrt ab 270 DM. Zubringerbus nach Paris auch ab Basel.

Deutsche Touring/Eurolines
Am Römerhof 17
60486 Frankfurt am Main
Tel. 0 69/79 03-0, Fax 70 60 59

Mit dem Flugzeug

Wichtigster Flughafen im Zielgebiet ist Bordeaux. Ab/bis dort bietet **Air France** folgende Verbindungen an (alle via Paris): Berlin, Bern, Brüssel, Düsseldorf, Frankfurt am Main, Genf, Hamburg, Hannover, Innsbruck, München, Nürnberg, Stuttgart, Wien und Zürich. **Air Littoral** fliegt von Paris aus nach Biarritz, Bordeaux, Nantes und Périgueux. **Air Inter** bedient ab Paris Biarritz, Bordeaux und Nantes. Bei den Umsteigeverbindungen über Paris ist man in der Regel fünf bis sechs Stunden unterwegs.

Mit dem Zug

Wie im Fluge vergeht die Zeit in den Hochgeschwindigkeitszügen **TGV (Train de Grande Vitesse)** ab Paris. Drei Zugstunden trennen die Hauptstadt von Bordeaux. Von Nachteil ist der Bahnhofwechsel in Paris. Nach der Ankunft am Nordbahnhof (Gare du Nord) oder Ostbahnhof (Gare de l'Est) muß man die TGV-Abfahrtbahnhöfe Gare de Montparnasse oder Gare d'Austerlitz aufsuchen (Metroverbindungen; an Bargeld in France denken und etwa eine Stunde für den Zugwechsel einplanen). Für TGV-Züge sind Platzkarten und – relativ geringe – Zuschläge erforderlich. Beim Fahrkartenkauf sollte man sich nach speziellen Tarifen und Ermäßigungstagen in Frankreich erkundigen.

Der Besondere Tip

Schlössertour an der Loire: Wie Geld sparen (Autobahngebühr), sich in Ruhe auf Frankreich einstimmen und dabei Besonderes entdecken? Wer bei der Anreise an die Atlantikküste und die Dordogne die Achse Orléans–Tours wählt, kann eine kleine Schlössertour an der Loire einschieben. Herrliche Anlagen wie Chambord, Amboise und Blois liegen direkt am Wege. Ausführliche Informationen dazu im MERIAN *live!*-Band »Loiretal«.

Beinahe unverzichtbar für den Erkundungsfreudigen bleibt das Auto. Noch besser: Dünen und Kieferndurft vom Fahrradsattel aus genießen.

Auto

Die Geschwindigkeitsbegrenzungen liegen bei 130 km/h auf Autobahnen (110 km/h bei Regen, 50 km/h bei Nebel), 90 km/h auf Landstraßen und 50 km/h innerorts. Es besteht Anschnallpflicht.

Immer den Überblick behält man bei Stadtumgehungen: Ist Ihr Ziel nicht ausgeschildert, folgen Sie dem Hinweis **toutes directions** (alle Richtungen). Im Kreisverkehr (**rond point**) haben die Fahrzeuge im Rondell Vorfahrt; die Vorfahrt-achten-Schilder sind mit dem Hinweis **Cedez le passage** unterlegt. Parkscheinautomaten (**horodateurs**) gibt es in den meisten Städten; in der Regel muß man die Geldgräber nur von 9–12 und 14–18.30 Uhr mit Francs füttern (rund 5 FF pro Stunde). Einige Gehminuten von Innenstädten entfernt findet man häufig Großparkplätze, auf denen man den Wagen kostenlos abstellt (ausgeschildert mit **parking gratuit**).

Boote

Vorgelagerte Inseln wie Aix und Yeu werden im Sommer vom Festland aus im Pendelverkehr angesteuert. Gleiches gilt für die Fährverbindung über die Gironde-Mündung (Royan–Le Verdon und umgekehrt). Reger Ausflugsverkehr herrscht im Sommer zwischen La Rochelle und den Inseln Ré und Oléron.

An vielen Meereshäfen kann man auf kleinen Booten (**vedettes**) Spazierfahrten buchen oder hinausfahren zum Fischen. Auf Flüssen wie der Charente (z. B. im zwischen Rochefort und Saintes gelegenen St-Savinien) hat man Gelegenheit, sich für eine Woche ein **Hausboot** zu mieten. Führerschein ist nicht erforderlich. Kostenpunkt für ein Boot bis zu vier Personen: je nach Saison zwischen 4500 und 7500 FF pro Woche.

Fahrräder

Wer seinen Drahtesel nicht per Bahn schickt, auf dem Dachgepäckträger transportiert oder an den Wohnwagen klammert, findet in vielen Urlaubsorten Fahrradverleiher. Häufig ist die Landschaft – insbesondere die Inseln wie Ré, Aix und Oléron – äußerst fahrradtauglich. Auf den Eilanden, an der Silberküste und der Côte des Landes sind manche Strekken als Radpisten (**pistes cyclables**) ausgewiesen. Gibt es keine

Radwege, weicht man auf wenig befahrene Nebenstraßen aus (z. B. in der Dordogne).

Bei der Ausleihe (gegen Kaution/Scheck und Vorlage der Reisedokumente) muß man mit folgenden Preisen rechnen: Rad ohne Gangschaltung 30–40 FF für den halben Tag, 50–70 FF für den ganzen Tag, wochenweise 300–350 FF; Mountainbikes (abgekürzt V.T.T.) 60–70 FF für den halben Tag, 100 FF für den ganzen Tag, um die 450 FF wochenweise.

Leihwagen

Autoverleih gibt es in wichtigen Städten und Urlaubsorten (Büros oft am Bahnhof bzw. Flughafen). Man sollte auf Wochenendangebote (**spécial weekends**) achten, bei denen man günstigstenfalls z. B. für ein kleines Fiat- oder Renaultmodell inklusive 1000 Freikilometern, Steuern und Grundversicherung für drei Tage um die 900 FF bezahlt; eine Woche, 2100 Freikilometer inbegriffen, schlägt mit etwa 1900 FF zu Buche. Mindestalter bei der Fahrzeugmiete ist in der Regel 25 Jahre, Kreditkarte als Sicherheit meist Plicht.

Öffentliche Verkehrsmittel

Regionalbusse (**cars**) fahren gewöhnlich vom Terminal (**gare routière**) nahe dem Zugbahnhof (**gare S.N.C.F.**) ab. Faltblätter mit Streckenfahrplänen von Bussen und Bahnen liegen sowohl an Bahnhöfen als auch in Touristenbüros aus. Mit dem Zug lassen sich die Hauptorte der Atlantikküste und des Hinterlands bequem und schnell erreichen. Der TGV von Bordeaux nach Biarritz braucht gerade einmal zwei Stunden. Informationen über reduzierte Zugtarife für Jugendliche von 12 bis 26 Jahre, Senioren über 60 Jahre, Paare und Reisende mit Kind an den Schaltern der Bahn.

Taxis

Taxis warten – ähnlich wie daheim – an Bahnhöfen und großen Plätzen.

Der Besondere Tip

Fahrt mit dem Petit Train Satteln Sie in vielen französischen Ferienorten einfach mal um: von Auto oder Fahrrad auf die Bänkchen des Petit Train (auch Train Touristique). Jener kleine Zug vermittelt neue Perspektiven und schaukelt Sie im Sommer im Kriechtempo ein halbes oder ein ganzes Stündchen durch die schönsten Zonen. Haltepunkt der Elektrobahn ist häufig nahe dem Touristenbüro. Preisliche Anhaltspunkte: 25 bis 30 FF für Erwachsene, 15 bis 20 FF für Kinder.

Ruhestätten gibt es für jeden Geschmack und Geldbeutel: ob im Zelt am Bauernhof, in Schlössern oder in rustikalen Landhotels.

Die Kategorien französischer Unterkünfte reichen von der einfachen Pension bis zum Vier-Sterne-Luxusbau. In der Regel beziehen sich die Preise auf das Zimmer bzw. das Bett und nicht die Person; selten kann man in normalen Einzelzimmern unterkriechen. Angesichts des Urlauberansturms im Juli und August ist es ratsam, Hotelzimmer und Ferienwohnungen (**studios, résidences meublées**) Monate vorab zu reservieren und am besten schriftlich bestätigen zu lassen. Frühstück (**petit déjeuner**) ist in französischen Hotels gewöhnlich nicht im Preis inbegriffen.

Zu beachten ist, daß manche Hotels nur zwischen Frühjahr und Herbst öffnen. Gleiches gilt für die Campingplätze. Vor und nach Ende Juni/Anfang September dürfte es kein Problem sein, die gewünschte Unterkunft zu bekommen. In der Hauptsaison ziehen die Übernachtungspreise an und können bis zu 100 Prozent über den Nebensaisontarifen liegen. Aktuelle Unterkunftslisten halten die lokalen Fremdenverkehrsämter bereit.

Eines der besten Hotels in Frankreich: das Hôtel du Palais in Biarritz

Privatunterkünfte

Auf dem Lande kann man in Herbergen auf dem Bauernhof (**gîtes ruraux**; mitunter Mindestmiete zwei Nächte) und in Privatquartieren (**chambres d'hôtes**) unterkommen, in Frankreich sehr beliebte und weitverbreitete Übernachtungsmöglichkeiten. Neben nichtorganisierten gibt es die im Verband Gîtes de France zusammengeschlossenen Anbieter. Letztere sind in einem jährlich neu aufgelegten Verzeichnis zusammengefaßt und werden wie Hotels in Kategorien (von ein bis drei Ähren) klassifiziert. Das Verzeichnis ist in Frankreich in Buchläden erhältlich oder bei:

Gîtes de France
Sachsenhäuser Landwehrweg 108
60599 Frankfurt
Tel. 0 69/68 43 14, Fax 68 62 36

Jugendherbergen

Zu den wenigen Jugendherbergen (**auberges de jeunesse**) im Zielgebiet rechnen jene in Marennes (rund 20 Kilometer südwestlich von Rochefort; Tel. 05 46 85 22 78) und in Saintes (2, place Geoffroy-Martel; Tel. 05 46 92 14 92). Eine Übernachtung setzt den Besitz eines internationalen Jugendherbergsausweises voraus

Hotels sind bei den einzelnen Orten im Kapitel »Sehenswerte Orte und Ausflugsziele« beschrieben.

Preisklassen:
Die folgenden Preise beziehen sich auf eine Übernachtung im Doppelzimmer für zwei Personen, ohne Frühstück.
Luxusklasse ab 950 FF
Obere Preisklasse ab 600 FF
Mittlere Preisklasse ab 300 FF
Untere Preisklasse bis 300 FF

DER BESONDERE TIP

Hôtel Arc in Arcachon Nicht zu schlagen bei den Meeres- und Hafenblicken von den Balkons, den Preisen und dem altmodischen Interieur: das Hotel Arc in Arcachon. Zwar sind die Zimmer im einzigen Vier-Sterne-Hotel der Stadt nicht übermäßig groß, dafür gibt es Freibad, Whirlpool, Sauna, Terrasse und direkten Zugang zum Eyrac-Strand. Ruhig gelegen auf halbem Weg zwischen City und Hafen. Mit Parkplatz. 89, boulevard de la Plage, 33120 Arcachon, Tel. 05 56 83 06 85, Fax 05 56 83 53 72, 30 Zimmer, Obere Preisklasse/Luxusklasse ■ C 6/C 7

Gaumenfreuden satt: vom Tintenfisch in eigener Tinte bis zur Gänseleber mit Artischocken, vom Bayonner Schinken bis zur Blätterteigpastete in Armagnac.

Das französische Frühstücks-Trauerspiel aus Café und Croissants ist spätestens dann vergessen, wenn man sich mittags (zum **déjeuner** ab 12 Uhr) oder abends (zum **dîner** ab etwa 19 Uhr) in gediegener Atmosphäre zum Tafeln niederläßt. Eile ist im Feinschmeckerland Frankreich nicht geboten; bei einem kompletten Menü oder mehreren Gängen à la carte verstreichen leicht zwei Stündchen. Wer sich seine Speisen selbst zusammenstellt, bezahlt in der Regel mehr, als wenn er das angebotene Menü bestellt. Preisgünstiger ist das Tagesgericht (**plat du jour**). Im Restaurant sollten Sie warten, bis der Kellner Sie an den Tisch geleitet. Zwangloser geht es auf den Freiluftterrassen von Restaurants in Ferienorten zu. Die Zeit bis zum Essen überbrücken viele gerne mit einem **Pastis**, jenem hochprozentigen Anisschnaps, den man mit Wasser zu einem milchig aussehenden, anregenden Trunk verdünnt.

Kompositionen aus den Tiefen des Meeres

Typische Spezialitäten komponieren die Köche in ihren **plateaux de fruits de mer**. Aus den Tiefen des Meeres frisch auf den Tisch: ob Garnelen/Crevetten (**crevettes**), Miesmuscheln (**moules**), Austern (**huîtres**) oder Krabben (**crabes**), ob Seezunge (**sole**), Anschovis (**anchois**) oder Langusten (**langoustes**). In der aquitanischen und baskischen Küche

Strandrestaurant in Arcachon

kann man seinen Gaumen mit Stockfisch (**koskera**), Thunfisch (**thon**), Neunauge in Rotwein (**lamproie au vin rouge**) und Fischragout (**ttoro**; oder Thunfischragout: **marmitako**) verwöhnen. Weiter nördlich sind Muscheln in Weißweinsud (**mouclade**) beliebt. Schwarz vor Augen wird einem, wenn man in den südlichen Küstenzonen **chipirons à l'encre** bestellt: Tintenfisch, gekocht in einer schmackhaften Sauce aus der eigenen Tinte. Austern aus dem Bassin d'Arcachon werden, nach altem Brauch, zusammen mit kleinen Bratwürsten serviert. Populär im Poitou-Charentes sind Aaleintopf (**fricassée d'anguilles**), Schnekken in Rotwein (**sauce aux lumas**) sowie die mit Wurstmett gefüllten und mit Kräutern gewürzten Schnekken (**cagouilles à la saintongeaise**).

Kohlsuppe und Kalbfleisch

Meeresfrüchte sind nicht alles. Die breite kulinarische Palette reicht von Suppen (**elzekarria:** Suppe mit Schinkenknochen; **garbure:** Kohlsuppe mit Entenfleisch) über Wild (**ibaiona**: Wildkeule nach baskischer Art), Kalb (**axoa:** in dünne Scheiben geschnittenes Kalbfleisch in Piments aus Espelette) und Perlhuhn (**salmis**) bis zum saftigen Rippenstück nach Bordelaiser Art (**entrecôte bordelaise**) und dem in Rotwein und Cognac zubereiteten Rinderragout (**la daube des Charentes**). Unter den Pilzgerichten stechen die in Öl gebackenen Steinpilze (**cèpes à la bordelaise**) sowie die Morcheln (**morilles**) hervor, die mit Äpfeln aus dem Gebiet um Sarlat zubereitet werden. Ebenso gesund ist das Gemüseomelette (**piperade**).

Berühmtheit über die Grenzen des Baskenlands hinaus hat der **jambon de Bayonne** erlangt, der luftgetrocknete Schinken aus Bayonne. Nicht minder köstlich sind eingemachtes Enten- und Gänsefleisch (**confits**), baskische Paprikawurst (**chorizo**), die kleine Blutwurst aus Schaf- oder Kalbfleisch (**tripotxa**) und Schafskäse (**fromage de brebis**).

Spezialität der Region: Meeresfrüchteplatte

Wein als Wegbegleiter

Kulinarischer Wegbegleiter der Reise an die Atlantikküste und durch die Dordogne bleibt der Wein. Die Gegend um Bordeaux mit den Flußgebieten von Dordogne, Garonne und Gironde ist seit römischen Zeiten bekannt für die exquisiten Rotweine (z. B. **Cabernet Sauvignon**), aber auch für likörartige Weißweine wie **Barsac** und **Sauternes**. Rund 100 000 Hektar Rebfläche werden in der Weinbaulandschaft Bordelais kultiviert. Man unterscheidet Tafelwein (**vin de table**), Landwein (**vin de pays**) und Prädikatsweine, unter denen die qualitativ besten die »kontrollierte Herkunftsbezeichnung« AOC (**Appellation d'Origine Contrôlée**) tragen.

Zu den hochprozentigeren Spezialitäten aus dem Zielgebiet und dessen Randzonen rechnen **Armagnac** (Branntwein), **Cognac** (Weinbrand), **Pineau des Charentes** (Likörwein) sowie der **Izarra-Likör**.

Lockende Versuchungen für Leckermäuler

Unter den süßen Leckereien sticht der **gâteau basque** hervor, der baskische Kuchen, den man **à la crème** oder mit schwarzer Kirschkonfitüre (**à la confiture de cerises noires**) bereitet.

Auf Dessertkarten in Restaurants finden sich nicht nur die unverwüstlichen **crêpes** sowie **mousse au chocolat** und **crème caramel**, sondern auch **tourtière à l'Armagnac** (Blätterteigpastete mit Armagnac) und **pastis** (Buttergebäck mit Anisgeschmack).

Restaurants sind bei den einzelnen Orten im Kapitel »Sehenswerte Orte und Ausflugsziele« beschrieben.

Preisklassen

Die Preise beziehen sich jeweils auf ein Menü ohne Getränke, Steuern und Trinkgeld.

Luxusklasse ab 350 FF
Obere Preisklasse ab 180 FF
Mittlere Preisklasse ab 90 FF
Untere Preisklasse bis 90 FF

Der Besondere Tip

Hôtel-Restaurant Corderie Royale in Rochefort Lachsfilet auf Curry-Art und Jakobsmuscheln in Pineau. Im exquisiten, ruhigen Hôtel-Restaurant Corderie Royale in Rochefort stimmen nicht nur Zutaten und Geschmack. Während man tafelt, schaut man hinaus auf die wunderbaren Wiesen rund um die altehrwürdige königliche Seilerei. Da freut man sich direkt auf den Verdauungsspaziergang. Rue Audebert, Tel. 05 46 99 35 35, Reservierung empfohlen, So abends geschl., Mittlere/Obere Preisklasse ■ C 4/D 4

Eßdolmetscher

A

abats: Innereien
acquit: Quittung
addition: Rechnung
agneau: Lamm
ail (à l'ail): (mit) Knoblauch
amandes: Mandeln
andouilletes: Würste (Kalbfleisch- und Innereienfüllung)
anguille: Aal
à point: durchgebraten
asperge: Spargel
assiette: Teller
axoa: Kalbfleisch mit grünem Pfeffer

B

bar: Barsch
bargue: Meerbutt
beurre: Butter
bien cuit: durchgebraten
bière blonde (noire): helles (dunkles) Bier
bleu: blau – bei Fleisch »englisch«, also innen roh
bœuf: Ochse, Rind
bouillabaisse: Fischsuppe
bouillon de légumes: Gemüsebrühe
bouteille: Flasche
brasserie: Café mit Restaurantbetrieb
brioche: Frühstücks-Hefegebäck
brochette: Spießchen

C

cagouilles à la saintongeaise: mit Wurstmett gefüllte Schnecken
caille: Wachtel
calvados: Apfelschnaps
canard (sauvage): (Wild-)Ente
carré: Rückenstück (vom Lamm, Rind…)
carrelet: Scholle
casse-croûte: Imbiß
cèpes: Steinpilze

Der Reifungsprozeß der Bordelais-Weine unterliegt ständiger Kontrolle

cerises: Kirschen
chanterelles: Pfifferlinge
charcuterie: Wurstaufschnitt
chevreuil: Reh
chipirons à l'encre: Tintenfisch, in eigener Tinte zubereitet
chorizo: Paprikawurst
choucroute: Sauerkraut
colin: Seehecht, Schellfisch
compris: inbegriffen
concombre: Gurke
confiserie: Süßwaren
coq: Hahn, Hähnchen
coquille, coquillage: Muscheln
côte: Rippenstück
courgette: Zucchini
couteau: Messer
couvert: Gedeck
crabe: Krabbe
crème: Sahne, süßer Likör
crevettes: Garnelen
croûtons: geröstete Weißbrotscheiben
crudités: Rohkostsalate
crustacés: Krustentiere

D

dauphin: würziger Weichkäse
dégustation: Probeausschank
déjeuner: Mittagessen
digestif: Schnaps nach dem Essen
dîner: Abendessen

E

eau: Wasser
– *de robinet:* Leitungswasser
– *minérale gazeuse:* Mineralwasser mit Kohlensäure
– *minérale naturelle:* Mineralwasser ohne Kohlensäure
– *non potable:* kein Trinkwasser
– *de vie:* klarer Schnaps
échalote: Schalotte
écrevisses: Krebse
elzekarria: Suppe mit Schinkenknochen
entrecôte: Zwischenrippenstück
épaule d'agneau: Lammschulter
épinards: Spinat
escalope: Schnitzel
escargots: Weinbergschnecken

F

faux-filet: Lendenstück vom Rind
ffoie: Leber
– *gras:* Stopfleber
– *d'oie:* Gänseleber
fourchette: Gabel
framboise: Himbeere, Himbeerschnaps
fromage: Käse
– *de brebis:* Schafskäse
fruits: Obst
fumé: geräuchert

G

gambas: Garnelen
garbure: Kohlsuppe mit Entenfleisch
garçon: Kellner
gâteau: Kuchen
– *basque:* baskischer Kuchen
gibier: Wild
gigot: Keule
girolles: Pfifferlinge
glace: Eis
graisse d'oie: Gänseschmalz
grillades: Gegrilltes

H

hachis: Gehacktes
haricots verts: grüne Bohnen
homard: Hummer
hors-d'œuvre: Vorspeise
huile: Öl
huitres: Austern

I/J/K

ibaiona: Wildkeule nach baskischer Art
jambon: Schinken
koskera: Stockfisch

L

lait (entier): (Voll-)Milch
langue de bœuf: Ochsenzunge
lapereau, lapin: Kaninchen
légume: Gemüse
libre-service: Selbstbedienung
lièvre: Hase
lotte de mer: Seeteufel
loup de mer: Wolfsbarsch

M

macédonie de fruits: Obstsalat
madeleines: muschelförmiges Sandgebäck
maquereau: Makrele
marmitako: Thunfischragout
marron: Eßkastanie
menthe: Pfefferminzlikör
miel: Honig
mis en bouteille: Flaschenabfüllung
morilles: Morcheln
morue: Kabeljau
moules: Muscheln
moutarde: Senf
mouton: Hammel, Schaf
myrtilles: Heidelbeeren

N

noix: Walnuß
nouilles: Nudeln

O

œuf: Ei
oie: Gans
oignons: Zwiebeln
os: Knochen
ouvre-bouteille: Flaschenöffner

P

pain: Weißbrot
pastis: Anisschnaps; Buttergebäck mit Anisgeschmack
pâté: Pastete
pâtisserie: Konditorei
pavé de saumon: Lachspastete
pêche: Pfirsich
perche: Barsch
petit déjeuner: Frühstück
– gâteau: Teegebäck
– fours: Biskuittörtchen
pieds de cochon: Schweinsfüße
pigeon: Taube
piment doux: Paprika- oder Pfefferschote
piperade: Gemüseomelette
plat: Gericht, Teller
– du jour: Tagesgericht
plie: Scholle
à point: kroß gebraten
poire: Birne, Birnenschnaps
poisson: Fisch
poivrade: Pfeffersauce
poivre (vert): (grüner) Pfeffer
pomme: Apfel
– de terre: Kartoffel
porc: Schwein
porcelet: Spanferkel
porrusalda: Suppe aus Kartoffeln und Lauch
pot: Topf
potage: Suppe
potée: Eintopf
poularde: Masthuhn
poule: Henne
poulet: Brathähnchen
pourboire: Trinkgeld
primeurs: Frühobst oder -gemüse
prune: Pflaume, Zwetschge

Q

quart: ein Viertel
quenelles: Klößchen

R

rafraîchis: Erfrischungsgetränke
raisins: Weintrauben
ratatouilles: gemischtes, gedämpftes Gemüse

Die Tradition der Schokoladenproduktion kommt aus Spanien und Portugal

rillettes d'oie: Gänsepastete
ris de veau: Kalbsbries
rissoler: braun braten
rognons: Nieren
rosbif: Roastbeef
rôti: Braten, gebraten

S

saignant: »englisch« gebraten, also innen roh
sandre: Zander
sanglier: Wildschwein
saucisson: Schnitt- oder Brühwurst
saumon: Lachs
selle d'agneau: Lammrücken
service (non) compris: Bedienung (nicht) inbegriffen
sole: Seezunge
soufflé: Omelette
souper: Abendessen
sucre: Zucker
sukalki: Ochsenschwanz mit Gemüse
suprême: Filet

Ein Muß unter den kulinarischen Genüssen: Bayonner Schinken

T

taloas: Maiskuchen
tanche: Schleie
tarte: Obstkuchen
tartelette: Törtchen
terrine: Schüssel
– *maison:* Pastete nach Art des Hauses
thé: Tee
thon: Thunfisch
thym: Thymian
tourin à l'ail: legierte Suppe mit Knoblauch
tournedos: Lendenschnitte
tourtière à l'Armagnac: Blätterteigpastete mit Armagnac
tripes: Kutteln
tripotxa: kleine Blutwurst aus Schaf- oder Kalbfleisch
truffes: Trüffel
truite: Forelle
– *fumée:* Räucherforelle
ttoro: Fischragout
turbot: Steinbutt

V

vachard: Schnittkäse aus Kuhmilch
veau: Kalb(fleisch)
venaison: Wildbret
verre: (Trink-)Glas
viande: Fleisch
vin blanc: Weißwein
– *rouge:* Rotwein
– *mousseux:* Schaumwein
– *nouveau:* Federweißer
– *de pays:* Landwein
– *du pays:* lokaler Wein
– *de table:* Tischwein
vinaigre: Essig
volaille: Geflügel

Y

yaourt: Yoghurt

Z

zikiro: gegrilltes Schaffleisch

Salzfäßchen, Krüge und Vasen stehen als Produkte der Töpferkunst obenan. Hochprozentige Mitbringsel sind Cognac, Bordeauxwein und Kräuterlikör.

Kunsthandwerkliche Traditionen pflegen die Bewohner der Insel Noirmoutier. Die kunstvoll getöpferten Salzfäßchen (**boîtes a sel**) kann man gleich mit inseltypischem Inhalt verschenken: dem Meeressalz (**sel marin**) von Noirmoutier, grob oder fein gekörnt, mit Naturgeschmack oder aromatisiert mit Kräutern und Gemüseextrakten. Weiteres besonderes Mitbringsel von Noirmoutier ist das ausschließlich auf salzigen Böden gedeihende **Salicorne-Kraut**, das in Gläsern als Marinade verkauft und gerne zu Fisch- und kalten Fleischgerichten serviert wird.

Das Töpferhandwerk (**poterie**) wird vielerorts gepflegt: ob rund um Saintes (immerhin seit acht Jahrhunderten), ob zwischen Les Sables d'Olonne und St-Jean-de-Monts, an der Silberküste oder in Royan. Die Region von Saintes ist auch wegen ihrer Korbwaren (**vanneries**) bekannt, die man in Form von Brot-, Wein- und Obstkörben erstehen kann.

Auffällig ist die Vielzahl von Galerien in Küstenstädten wie Biarritz, Royan und La Rochelle.

Vom Gemüse bis zur Feinkost reicht das Sortiment auf dem Markt in La Rochelle

Wegen ihrer Antiquitätenangebote und Flohmärkte (**marchés aux puces**) sind Bordeaux und La Rochelle bekannt. Auch in vielen Antiquitätengeschäften (**antiquités**) kann man in aller Ruhe stöbern.

Geschenkideen aller Art findet man im Baskenland. Das Angebot reicht von Kuhglocken über geschnitzte Pelotaspiele, Schafswolljacken, weiß-rote Segeltuchsandalen (**espadrilles**) bis zu schafwollgefütterten Lederhausschuhen. Besonderheiten sind die Leinenartikel (**linge basque**) und die Baskenmützen (**berets**) in Grün, Rot und traditionellem Schwarz.

Marzipan und Makronen

Unter den süßen Leckereien stechen Marzipanspezialitäten (**tourons**), Schokoladentoffees (**kanougas**) und Makronen (**macarons**; eine Spezialität in St-Emilion) hervor. Die Tradition der Schokoladenproduktion von Meistern ihres Fachs (**chocolatiers**) geht auf spanische und portugiesische Juden zurück, die von der Iberischen Halbinsel vertrieben worden waren und sich in Frankreich niederließen. Bei den Angeboten an Marmelade und Honig findet man viele mit besonderem Pfiff: Kastanienhonig (**miel de châtaigner**), Feigenkonfitüre (**confiture de figues**), Grüne-Tomaten-Konfitüre (**confiture des tomates vertes**).

Ein Tip zum Einkauf im Baskenland: Viele typische Artikel, vor allem Spirituosen, erhält man preisgünstig an der französisch-spanischen Grenze bei Béhobie. Dazu fährt man ab Béhobie über den Bidassoa-Fluß nach Spanien (Verlängerung der N 10) und sieht rund 200 Meter hinter der alten Grenzstation rechter Hand viele Flachbauläden und einen (unausgeschilderten) Parkplatz. Bezahlen kann man problemlos mit französischen Francs.

Spezialitäten vom Bauernhof

Ein Paradies für Freunde von Pasteten, Wurst- und Fleischwaren in Konserven und Einmachgläsern sind die Dordogne und die Landes. **Foie gras** (Stopfleber) gibt es in allen erdenklichen Varianten. Ob von der Ente (**foie gras de canard**) oder der Gans (**foie gras d'oie**), ob getrüffelt oder in Wein gekocht. In der gesamten Dordogne sieht man häufig Hinweisschilder auf den Verkauf von solchen Produkten direkt vom Bauernhof (**produits de la ferme**; ansonsten Angebote in Feinkostläden und selbst in Großsupermärkten). Bitte bedenken Sie aber: Wer am Straßenrand mit Werbetafeln fröhlich lachender Enten und Gänse lockt, verschleiert die Realität. Stopfleber ist schließlich nichts anderes als das, was es ausdrückt. Die Geschöpfe bekommen die Nahrung im ureigensten Sinne des Wortes so lange eingetrichtert, bis sie sich nicht mehr bewegen können und die Leber sich aufs Maximum ausgedehnt hat. Dann wird geschlachtet.

Wer Gesünderes bevorzugt, kauft Spargel (**asperges**) aus

den Landes, Paprikaschoten (**piments**) aus dem baskischen Bergdorf Espelette oder Konserven/Gläser mit gekochten Linsen (**lentilles cuisinées**), deftigem Bohneneintopf (**cassoulet**), Hasenpfeffer (**civet de lièvre**) und Ringeltaubenragout (**salmis de palombes**).

Im Land von Cognac und Wein

Für viele Besucher haben hochprozentige Mitbringsel Vorrang. Man hat die Qual der Wahl zwischen Weinbrand (**Cognac** und **Armagnac**), Likörwein (**Pineau des Charentes**), dem grünen oder gelben Kräuterlikör (**Izarra**; nur im Baskenland) und der geradezu unglaublichen Palette an Weinen. Diejenigen, die sich nur mit einigen Fläschchen eindecken wollen, müssen wissen, daß es nicht immer am billigsten ist, direkt bei den Weingütern und Schlössern (**châteaux**) zu kaufen, sondern eher in einer **vinothèque**. Auf Wunsch erhält man eine ausgiebige Weinberatung im **Maison du Vin** in Bordeaux (3, cours du XXX Juillet; Mo–Do 8.30–18, Fr 8.30 –9.30 Uhr; Tel. 05 56 00 22 88).

Öffnungszeiten

Die meisten Geschäfte öffnen dienstags bis samstags von 9–12 und 14–19 bzw. 15–20 Uhr. Einzig große Supermärkte haben während der Mittagspause (12–14 Uhr) offen. Uneinheitlich ist der Montag: Manche Läden lassen Kunden nur nachmittags hinein, andere schließen komplett, wieder andere öffnen ganz normal. Während der Hauptsaison bleiben in Ferienorten viele Geschäfte sieben Tage in der Woche geöffnet; sonntags findet sich zudem immer eine offene Bäckerei.

DER BESONDERE TIP

Fabrique des Makilas in Bayonne Es sind Wanderstöcke, Spazierstöcke und »Degen des baskischen Edelmanns«. Schon in mittelalterlichen Jakobswegführern wurden sie erwähnt: die Makilas. Mit ihrem robusten Mispelholz und der – zeitweise verbotenen – Spitze tragen sie den Charakter von Waffen, die einst gute Dienste bei unliebsamen Begegnungen mit Wegelagerern und wildem Getier in den Bergen geleistet haben. In der Bayonner Kunsthandwerkstatt von Gérard Leoncini werden seit 1928 Makilas in Handarbeit gefertigt. Ein Besuch in dem kleinen Raum lohnt sich allemal. Fabrique des Makilas in Bayonne, Ecke rue des Faures/rue de la Vielle Boucherie, Mo–Sa 10–12 und 16–18.30 Uhr ■ B 9

Ideale Voraussetzungen für den Familienurlaub bilden die vorzüglichen Strände der Atlantikküste. Viele Campingplätze sind als wahre Spielparadiese hergerichtet.

Freibäder, Rutschen, Klettergerüste, Tischtennisplatten, Volleyballfelder, Fahrradverleih. Vieles, was das Kinderherz begehrt, bieten Campingplätze. Die meisten sind herrlich gelegen. Nahe dem Meer, an einem Fluß oder See, mitten im Kiefernwald. Als Alternativen zur Anreise mit dem Wohnwagen oder dem herkömmlichen Zeltaufbau kann man vielerorts Bungalows und Mobilehomes mieten. Da kann selbst der, der es sich nie hatte vorstellen können, zum Campingplatzfreak werden.

Die Kinderfreundlichkeit setzt sich in französischen Restaurants fort. Sorge, daß der Nachwuchs den teuren Teller nicht bewältigt? Kein Problem. Fast immer kann man das preisgünstige und portionsgerechte Kindermenü (**menu enfant**) bestellen.

Jede Menge unternehmen kann man an der gesamten Atlantikküste. Ein Reitzentrum hier, Kanu- und Fahrradverleih dort. Und das nächste Aquarium, der nächste Zoo ist sicher nicht weit. Da macht man Bekanntschaft mit Bären, Haien und Raubkatzen.

Erlebnis für alle Altersklassen: Haie im Musée de la Mer in Biarritz

Centre de la Préhistoire ■ C 3
Zurück in die Steinzeit heißt es in Le Cairn. Im Juli und August gibt es ein nachmittägliches Animationsprogramm mit steinzeitlichen Techniken wie Dolmenbau und Feuermachen.
Rue de la Corolle, St-Hilaire-la-Forêt
April–Juni und Sept. tgl. außer Sa 15–18 Uhr, Juli–Aug. tgl. außer Mo nachmittags 10–12.30 und 14.30–19 Uhr
Eintritt 26 FF, Kinder 10 FF

Musée de la Mer ■ B 9
Begegnungen mit Haien, Seehunden und 150 einheimischen Fischarten in zwei Dutzend Aquarien. Seehundfütterungen tgl. 10.30 und 17 Uhr.
Esplanade du Rocher de la Vièrge
Biarritz
Tgl. 9.30–12.30 und 14–18 Uhr, Juli–Mitte Sept. bis 20 Uhr (Mitte Juli–Mitte Aug. bis Mitternacht)
Eintritt 45 FF, Kinder 40 FF (12–16 Jahre), 25 FF (über 5 Jahre)

Pferdewagen
Mit dem Pferdewagen (**roulotte**) durch das Périgord oder durch das Marais Poitevin – Familien mit Kindern erleben einen besonderen Urlaub. Zwei Erwachsene und maximal drei Kinder finden auf den Gefährten Platz, die mit Kochnische, Geschirr, Propangas und Wasserbehältern ausstaffiert sind. Am Ende der vorgegebenen Tagesetappen steuert man Bauernhöfe an. Tagespensum ca. 15 km. Kosten: 3600 – 4000 FF für eine Woche, alles inkl.

Informationen über die Touristenämter. Für das Périgord in Périgueux (Office Départemental de Tourisme; 25, rue du Président Wilson; 24009 Périgueux; Tel. 05 53 35 50 24, Fax 05 53 09 51 41), für das Marais Poitevin in Damvix (Mairie de Damvix; 85420 Damvix; Tel. 05 51 87 14 20, Fax 05 51 87 12 05).

Sealand ■ A 1
Aquarium mit Felsen, Grotten und Seelöwendressuren.
Le Vieux Port
Noirmoutier
Tgl. 10–12.30 und 14–19 Uhr, im Sommer bis 20 Uhr (Mitte Juli–Mitte Aug. bis 23 Uhr)
Eintritt 40 FF, Kinder 26 FF

La Serre aux Papillons ■ C 7
Überall fliegen und flattern sie: Eine tropische Welt eröffnet sich im Schmetterlingspavillon von Le Teich (östlich von Arcachon). Außerdem Orchideengarten und fleischfressende Pflanzen.
16, rue du Port
Le Teich
April–Nov. tgl. 10–18 Uhr
Eintritt 38 FF, Kinder 25 FF

Village Médiéval d'Artisans d'Art ■ C 7
Das Mittelalter lebt in einem nachgebauten Landaiser Ort auf. Mehr als 50 Kunsthandwerkern kann man über die Schulter schauen und sich von den Gauklern auf den Dorfstraßen unterhalten lassen. Gelegen in einem Freizeitpark mit Aquacity und Haustierzoo (Parc de la Coccinelle); gesonderter Eintritt.
Parc de Loisirs de la Hume
Gujan-Mestras
Ende Juni–Ende Aug. tgl. 10.30–19.30 Uhr
Eintritt 45 FF, Kinder 25 FF

Zoo du Bassin d'Arcachon ■ C 7
Raubtiergehege, Bärenzwinger und angegliederter Freizeitpark mit Hüpfburgen und Fahrgeschäften.
Route de Cazaux
La Teste
Ostern–Mitte Mai tgl. 14–19, Mitte Mai–Mitte Sept. tgl. 10–19 Uhr; sonst nur Sa, So und an Feiertagen 14–18 Uhr
Eintritt 45 FF, Kinder 35 FF

Leicht kann man Urlaub in Aktivurlaub verwandeln. Mit Wellenreiten, Wandern, Golf, Radfahren, Schwimmen, Reiten und vielen anderen Möglichkeiten.

An der gesamten Küstenlinie eröffnen sich unzählige Möglichkeiten, seinen sportlichen Antrieben freien Lauf zu lassen. Wer am Meer bleibt, setzt auf Schwimmen, Wellenreiten und Windsurfen. Den Wind nutzen auch die Strandsegler aus, die mit ihren dreirädrigen Segelwagen (**char à voile**) an der Küste entlangflitzen und Geschwindigkeiten von bis zu 100 km/h erreichen.

Radtouren bieten sich sowohl in der weitgehend flachen Küstengegend als auch im Hinterland und in der Dordogne an; auf markierten Wegen und Nebensträßchen kann man die abwechslungsreiche Landschaft im Duft von Pinien, Meer und Mimosen erkunden. Manche bringen ihren Drahtesel von daheim mit und nehmen gleich die gesamte Küste zwischen Pornic und Hendaye in Angriff.

Auch Angler, Reiter, Kajakfahrer, Kanuten und Golfer kommen auf ihre Kosten. Alleine in Aquitanien stehen Golfern mehr als 40 Plätze zur Verfügung. Pelota heißt der baskische Volkssport.

Mimizan-Plage besitzt einen der schönsten Strände an der Silberküste

Angeln/Fischen

Sobald sich die Flut zurückzieht, beginnen viele Urlauber und Einheimische mit Eimerchen, Schaufeln und Rechen ihr **pêche à pied**. Im Watt gehen sie auf Suche nach zurückgebliebenen Muscheln, Schnecken und Krebsen. Meeresexkursionen für Angler werden in Hafenstädten angeboten. Für Binnengewässer muß man sich Angelscheine kaufen (Auskunft über die örtlichen Touristenbüros). Beim Französischen Fremdenverkehrsamt (Französische Atlantikküste und Dordogne von A bis Z, S. 116) in Frankfurt bekommt man die Broschüre »Fischen in Frankreich«.

Golf

Zu den bekanntesten 18-Loch-Anlagen rechnen der Golfclub Makila bei Biarritz, der Golfclub von Médoc vor den Toren von Bordeaux sowie die Bahnen von Seignosse und Château des Vigiers – der letztgenannte Platz verläuft durch Pflaumenplantagen und Rebstöcke. Einen guten Überblick verschafft die Broschüre »Golf in Frankreich«, erhältlich beim Französischen Fremdenverkehrsamt in Frankfurt (→ Adresse S. 116).

Kajak- und Kanufahren

Die Flüßchen Eyre und Leyre südlich von Bordeaux, die Wasserläufe im Regionalpark Marais Poitevin und vor allem Vézère und Dordogne locken immer mehr Naturliebhaber an (→ Der Besondere Tip, S. 100).

Radfahren

Mountainbiking im Périgord, gemütliche Familientouren im Küstenflachland und auf den Inseln (Yeu, Ré, Aix, Oléron) sowie am Ufer der Charente entlang: Immer mehr Urlauber entscheiden sich zum strammen Tritt in die Pedale. Drahtesel kann man sich vielerorts leihen.

Reiten

Wer auf Pferderücken am Strand entlanggaloppieren oder durch die ausgedehnten Wälder traben möchte, findet ein reiches Betätigungsfeld. Tourismusbüros geben über das lokale Reitzentrum (**centre équestre**) und geführte Ausritte Auskunft.

Segeln

La Rochelle sowie die Inseln der Atlantikküste gelten als Zentren des Hochseesegelns. Bedeutende Yachthäfen sind Les Sables-d'Olonne, Arcachon, Capbreton und Hendaye.

Surfen

Als Paradies für Surfer gilt die Côte d'Argent mit Orten wie Hossegor, Anglet und Biarritz. Biarritz ist alljährlich zwischen Juli und September Schauplatz von großen Surf-Wettbewerben.

Tennis

Viele Campingplätze und Hotels sind mit Tennisplätzen ausstaffiert. Hier gilt es insbesondere in der Hochsaison, rechtzeitig zu reservieren.

Wandern/Bergwandern

Wanderer durchstreifen gerne die Pinienwälder der Landes und die Höhen der Pyrenäen, auf denen sogar Wintersport möglich ist.

Strände

Wegen der vorzüglichen Strände kommen viele Urlauber Jahr für Jahr wieder. Man unterscheidet von Nord nach Süd: Jadeküste (**Côte de Jade**), Küste des Lichts (**Côte de Lumière**), Küste der Landes (**Côte des Landes**), Silberküste (**Côte d'Argent**) und Baskische Küste (**Côte Basque**).

Vom seichten, überwachten Badestrand bis zur abgeschiedenen Bucht zwischen rauhen Klippen reicht die Palette der **plages**. Bevor man sich an bewachten Badestränden in die Kühle des Atlantiks stürzt, sollte man die farbigen Sicherheitsfahnen beachten. Man unterscheidet Grün (Baden ungefährlich), Gelb (Vorsicht) und Rot (Badeverbot). Die blauen Flaggen markieren die bewachten Abschnitte. Starke Wellen und Strömungen können selbst geübte Schwimmer gefährden. Äußerste Vorsicht ist an unbewachten Stränden geboten.

Anglet ■ B 9
An der Côte d'Argent, populär unter Surfern.

Arcachon ■ C 6/C 7
Seebad am Bassin d'Arcachon mit langen feinsandigen Stränden.

Biarritz ■ B 9
Mondänes Seebad an der Silberküste mit breiten Stadtstränden.

Biscarrosse-Plage ■ C 7
Populärer Ferienort an der nördlichen Silberküste.

Châtelaillon-Plage ■ C 3
Badeort südlich von La Rochelle. Aquacenter und Kinderstrandclubs.

Fouras ■ C 4
Familienbadeort mit feinsandigen Stränden.

Hendaye ■ B 9
In Hendaye-Plage Badevergnügen am recht schmalen Hauptstrand mit Blick auf die spanischen Berge.

Der Besondere Tip

Pelote basque Ein Ball aus Gummi oder Leder, Mauer und Schläger: Drei Dinge braucht der baskische Mann. Aber nicht immer – manche verzichten beim Volkssport Pelota gar auf das Racket und spielen mit der blanken Hand (**pelote à main nue**). Bis zu 100 m lang sind die Felder unter freiem Himmel oder in der Halle. Gespielt werden Einzel und Doppel, die Palette der Schläger reicht vom Holzracket (**pala**) bis zur großen bananenförmigen Fang- und Wurfröhre aus Weide und Leder (**chistera**). Mit Wucht und Dynamik schleudern die Spieler den Ball gegen die Wand (**fronton**) und wieder zurück. Ein Erlebnis ist es, im Baskenland ein Pelotamatch mitzuerleben – ein noch größeres ist es, selbst zu spielen.

Hossegor ■ B 9
Das Seebad an der Côte d'Argent ist insbesondere bei Wellenreitern beliebt.

Ile de Noirmoutier ■ A 1/B 2
Auf der Insel bleiben angesichts von rund 40 km Sandstrand kaum Wünsche offen. Die besten Strände im Westen und Südwesten (L'Epine, La Guérnière, Barbâtre).

Ile d'Oléron ■ C 4
Feine Sandstrände mit vielen Strandclubs für Kinder, unter anderem Le Grand-Village-Plage, St-Troyan, St-Georges, St-Denis, La Brée-les-Bains und Le Château.

Ile de Ré ■ C 3
Rund 30 km feine Sandstrände. Reges Strandleben in La Couarde und Le Bois-Plage.

Lacanau-Océan ■ C 6
Einfach schön, was die Natur rund um den Ferienort Lacanau-Océan an der Côte des Landes hingezaubert hat: weiten Kiefernforst, Dünen, endlose Sandstrände und einen See, der sich zum Segeln, Schwimmen und Tretbootfahren anbietet.

Mimizan-Plage ■ C 7
»Perle der Silberküste« mit breiten bewachten Sandstränden.

Pornic ■ B 1
Zahlreiche kleinere Sandstrände beidseits des Ortes (die besten im Villenvorort Ste-Marie).

Royan ■ C 4
Herrlicher, kilometerlanger Sandstrand La Grande Conche.

Les Sables-d'Olonne ■ B 2
Seebad an der Jadeküste mit langer Tradition und breitem, rund drei km langem Sandstrand, viele Wassersportangebote.

St-Jean-de-Monts ■ B 2
Beliebter Familienbadeort an der Jadeküste mit acht km langem Sandstrand. Breites Sportangebot.

Generationenverbindend: der baskische Volkssport Pelota

Feste und Festivals gibt es wie Sand am Meer, vor allem im Juli und August. Ob Klassik, Blues, Jazz oder Kuhwettkämpfe: Für jeden ist etwas dabei.

Mit der Blütenpracht im Frühjahr entfalten sich die Feste und Festivals zu einem bunten Leben, das im Hochsommer seine Höhepunkte erreicht. Nicht nur traditionsbeladene Veranstaltungen wie die Musikfestspiele im Schwarzen Périgord und das Blumenfestival in St-Emilion locken Besucher von nah und fern an, auch moderne Feste wie das Bluesfestival von Cognac sowie das internationale Jazzfestival von St-Gilles-Croix-de-Vie. Überall gefeiert wird am 13. Juli, dem Vorabend des Nationalfeiertages.

Bekanntschaft mit baskischer Musik macht man bei örtlichen Liederabenden (**kantaldis**); festlich erklingen Flöten (**txistu**, **txirula**) und Trommeln (**ttunttun**, **atabal**). Auf Kopfschütteln oder ernsthafte Ablehnung stoßen bei vielen Urlaubern die Stierkämpfe (**corridas**).

Besondere Spektakel sind in den Landes die unblutigen Kuhwettkämpfe (**courses landaises**), bei denen artistische Springer den wilden Rindern ausweichen. Baskische Dörfer sind Schauplatz von Kraftwettbewerben: vom Steinstemmen (**aizkolariak**) über Seilziehen (**soka tira**) und Holzhacken (**aizkolariak**) bis zum berüchtigten Kannenlauf (**esneketariak**). Beim Kannenlauf gewinnt der, der die größte Distanz mit zwei Kannen in den Händen zurücklegt – an jedem Arm hängen dann 40 Kilo.

Der besondere Tip

Cross des Contrebandiers im Bergdorf Sare. Als Mekka der Schmuggler hat es das baskische Bergdorf Sare einst zu Berühmtheit gebracht. Die Vergangenheit mit ihrem zweifelhaften Ruhm lebt in der Gegenwart fort: mit dem alljährlichen »Schmuggler-Crosslauf« am vorletzten Sonntag im August. 18 Dörfer aus dem Grenzgebiet schicken ihre besten Läufer auf den sieben km langen Bergparcours rund um Sare. Jeder rennt, was die Muskeln hergeben – mit einem acht kg schweren Sack auf dem Rücken.

April

Foire aux jambons
Schinkenfest in Bayonne.
Anfang April

Mai

Fêtes de la Mer
Meeresfest in Mimizan.
1. Mai

Jazz- und Bluesfestival in Angoulême
Zweite Maihälfte

Internationale Segelwoche von La Rochelle
Zweite Maihälfte

Internationales Jazzfestival von St-Gilles-Croix-de-Vie
Ende Mai

Juni

Fête de la Fleur
Blumenfestival in St-Emilion.

Fêtes de St-Jean
Patronatsfeierlichkeiten in Saint-Jean-de-Luz mit musikalischen Umzügen, Tanz und Pelota.
Ende Juni

Internationales Filmfestival in La Rochelle.
Ende Juni bis Anfang Juli

Juli und August

Internationales Folklorefestival von Biarritz
Erste Julihälfte

Les Jeux-Santons
Internationales Folklorefestival in Saintes.
Mitte Juli

Francofolies
Chansonfestival in La Rochelle.
Mitte Juli

La Bataille de Castillon
Historienschauspiel unter freiem Himmel in Castillon-la-Bataille (bei St-Emilion) in Angedenken an die Schlacht zwischen Franzosen und Engländern 1453.
Mitte Juli bis Anfang August

Festival de Périgord Pourpre
Festival mit klassischer Musik, Jazz und Tanz in verschiedenen Städten des Périgord Pourpre wie Bergerac und Monbazillac.
Mitte Juli bis Mitte August

Fêtes de Bayonne
Buntes Treiben mit Pelotawett-bewerben, Kuhwettkämpfen.
Ende Juli bis Anfang August

Bluesfestival von Cognac
Anfang August

Feria von Dax
Mit Stierkämpfen, folkloristischen Umzügen und Kuhwettkämpfen.
Mitte August

Festival de la Force Basque
Festival der baskischen Kraft in St-Palais mit acht Disziplinen, darunter Seilziehen, Kannenlauf und Steinstemmen.
Mitte August

Corridas à Bayonne
Stierkämpfe von Bayonne.
August/September

September und Oktober

Musique en Côte Basque
Zahlreiche Musikveranstaltungen, u.a. in Bayonne, Biarritz, Anglet und St-Jean-de-Luz.
Erste Septemberhälfte

November

Sigma-Festival in Bordeaux
Festival der zeitgenössischen Kunst.
Erste Novemberhälfte

Weiße Strände und Kiefernwälder auf den Inseln Ré, Oléron und Aix. Wer es ausgelassener liebt, fährt nach La Rochelle und Royan.

Aus Fischernestern sind Badezentren erwachsen, aus den mittelalterlichen Städten der Kaufleute und Krämer vielbesuchte Urlaubsziele.

Auf der **Ile d'Oléron** und der **Ile de Ré** spannt man aus zwischen Dünen und sandigen Stränden, in **Royan** und **La Rochelle** läßt man sich mitreißen von der Stimmung an den Promenaden und Häfen. Facettenreich sind die Kultur- und Naturlandschaften, unter denen das kanaldurchzogene Sumpfland des **Marais Poitevin**, die wilde Küste bei **Palmyre** und die Festungsanlagen der **Ile d'Aix** hervorstechen.

Wer sich von der Küste ins Hinterland absetzt, gelangt in mittelalterliche Städte wie **Niort**, **Saintes** und **Angoulême**. Und natürlich nach **Cognac**, dem Nabel der Welt für Kenner und Genießer des gleichnamigen Lebenswässerchens.

Tourismus und Fischfang, Wein- und Gemüseanbau, Muschel- und Austernzucht sind die Haupteinnahmequellen der Bewohner dieser Region.

Kennzeichnend für die Region sind die Pinien

Rochefort

■ C 4/D 4

Geschützt liegt die Stadt im Landesinnern und – bei Flut – mit günstiger Flußpassage zum Meer. Seine Existenz verdankt Rochefort Jean-Baptiste Colbert (1619–1683), dem Oberintendanten der königlichen Bauwerke und Fabriken, auf dessen Rat hin Ludwig XIV. das große Marinearsenal, den Flußhafen und die Stadt ab 1666 anlegen ließ. Hintergrund war die Suche nach einem sicheren Stützpunkt für den Bau von Handels- und Kriegsfregatten angesichts der stetigen Übergriffe aus England. Fortan liefen von der größten Werft ihrer Zeit stolze Schiffe auf alle Weltmeere aus. Manche sogar mit solch großem Tiefgang, daß sie auf dem Boden der Charente aufsetzten und die restlichen 22 Flußkilometer von Rochefort bis zum Ozean von Sklaven mit Seilen vorangezogen werden mußten. Colbert persönlich überwachte den Aufbau des Arsenals mit ihrer königlichen Seilerei (**Corderie Royale**). Die planquadratische Anlage der Stadt sticht noch immer ins Auge. Rechteckige Häuserblocks und schnurgerade Straßenachsen prägen die gesamte Innenstadt. Einmal Militärstadt, immer Militärstadt – trotz der Stillegung des Arsenals 1927. 8000 stationierte Soldaten halten die gegenwärtige Einwohnerzahl auf 27 000.

Rochefort, das ist auch die Geburtsstadt von Pierre Loti. Der Marineoffizier und Schriftsteller (1850–1923) ist bekannt geworden durch exotische Romane und Reisebeschreibungen. Zu seinen Werken rechnen »Roman eines Kindes« (1880; Lesetip, S. 8) und »Islandfischer«.

Die Porte du Soleil begrenzt die breite Avenue Charles de Gaulle

Hotels

Caravelle
Zentral und zweckmäßig.
34, rue Jean Jaurès
Tel. 05 46 99 02 53
Fax 05 46 87 29 25
27 Zimmer
Mittlere Preisklasse

La Corderie Royale
Das beste Hotel der Stadt, ruhig.
Rue Audebert
Tel. 05 46 99 35 35
Fax 05 46 99 78 72
50 Zimmer
Obere Preisklasse

Le Paris
Zentrales Zwei-Sterne-Haus, ordentliche Zimmer. Mit Restaurant.
27–29, avenue Lafayette
Tel. 05 46 99 33 11
Fax 05 46 99 77 34
38 Zimmer
Mittlere Preisklasse

Roca-Fortis
Kleines Stadthotel mit nettem Garten.
14, rue de la République
Tel. 05 46 99 26 32
Fax 05 46 87 49 48
16 Zimmer
Untere/Mittlere Preisklasse

Spaziergang

Ausgangspunkt für den rund einstündigen Bummel ist die Touristeninformation an der Avenue Sadi-Carnot. Auf dem vorliegenden Platz erinnert das **Monument aux Morts** an die in den letzten Kriegen gefallenen Männer aus Rochefort. Vom Platz aus stößt man vor in die Rue Audry de Puyravault, in der man noch einige der typischen blauen Türen der Rochefortais gewahr wird. Auf vier gewaltigen Säulen ruht linker Hand der Vorbau der **Eglise St-Louis** (errichtet 1835/1836; großes, nüchternes Inneres), rechts eröffnet sich die weite **Place Colbert** mit Blumenbeeten, Terrassencafés und Fontänen. Ein kleiner Torbogen, gekrönt von einem Monument, zeigt die Vereinigung der Charente mit Neptun.

Der Bummel führt quer über die Place Colbert und hinein in die Rue de la République (Fußgängerzone) mit urtümlichen Laternchen und Palmgewächsen. Einen Block weiter links in die Avenue Charles de Gaulle, jenen breiten Boulevard im Stadtgefüge, der am **Palais des Congrès** vorbei auf die 1831 errichtete **Porte du Soleil** zuläuft (rechts Eingang zum **Musée de la Marine**).

Wer den Torbogen passiert, steht bereits auf dem Gelände des **Marinearsenals** mit dem Stadtpark **Jardin des Retours**. Zur Linken gelangt man an die imposanten Trockendocks aus dem 18. und 19. Jh., bei denen man genau die Bodenpaßformen für die Schiffe und die steinernen Terrassen für die Arbeiter sieht. Der Gehweg durch die Grünanlagen läuft auf die stille Charente und – dann nach links – auf den langgestreckten Bau der **Corderie Royale** zu (mit Museum **Centre International de la Mer**). Ein schönes Spazierstück durchs Grün führt – zunächst parallel zur Charente – rund um den Gebäudeschlauch der ehemaligen königlichen Seilerei. Dann vom Parkplatz aus die Treppen hinauf in die Gartenanlagen des **Jardin de la Marine** und geradeaus bis zur Rue Toufaire. Dort links an der Bruchsteinmauer entlang bis ans Portal der **Ancienne Préfecture Maritime**. In jener einstigen Marinepräfektur (Besuch nicht möglich) verbrachte Napoléon Bonaparte im Juli 1815 seine letzten Nächte auf französischem Festland. Geradewegs gegenüber dem Torbogen wendet man sich in die gepflasterte Rue de l'Amiral Courbet, kommt nach zwei Blocks zur Place Colbert und spaziert rechts durch die Rue Audry de Puyrevault zum Ausgangspunkt zurück.

Sehenswertes

Arsenal Maritime

Von den glorreichen Zeiten der Weltmacht Frankreich legt das Marinearsenal Zeugnis ab. Ende des 17. Jh. entstand an den Ufern der Charente diese gigantische Kriegs- und Handelsflottenfabrik. Mit Lagerhäusern für Holz und Pulverfässer, Schreinereien, Kugelgießereien, der Corderie Royale, Flußhafen und Trockendocks. In manchen konnten, getrennt durch eine Schleuse, zwei Boote gleichzeitig gebaut und mit bis zu 120 Kanonen ausstaffiert werden. Noch größer ist ein weiteres Becken, in dem im 19. Jh. bis zu 140 m lange Schiffe entstanden. 1927 wurde das Arsenal geschlossen. Der restaurierte Komplex ist heute ein großes Freilichtmuseum, eingebettet ins Grün des Jardin des Retours (Fußwege).

Corderie Royale
Europas längstes Industriebauwerk seiner Zeit war die im 17. Jh. vom königlichen Ingenieur François Blondel entworfene Seilerei (374 m). Der Schwemmboden nahe der Charente machte einen gewagten Unterbau vonnöten: ein aus 14 000 m³ Eichenbohlen gefertigtes Floß, auf dem die Corderie Royale nach wie vor ruht. Mehrere tausend Arbeiter stellten den Komplex zwischen 1666 und 1670 fertig, in dem Seile bis zur Länge der gesamten Halle gedreht wurden. Der restaurierte Komplex beherbergt das Museum Centre International de la Mer.

Museen

Centre International de la Mer
Informationen über die Stadtgeschichte: von der Urbarmachung des Schwemmlandes bis zur Arbeit in der königlichen Seilerei.
Tgl. 9–18, Juli und Aug. bis 20 Uhr
Eintritt 28 FF, Kinder 11 FF (mit Führung 33 FF bzw. 18 FF)

Le Conservatoire du Bégonia
Größte Begonienausstellung des Landes. Der Name Begonie rührt von Michel Bégon (1638–1710) her, der königlicher Intendant in Rochefort war.
1, rue Charles Plumier
Führungen Di–Sa nach Absprache (Tel. 05 46 99 08 26) um 14, 15, 16 und 17 Uhr.
Eintritt 20 FF, Kinder 15 FF

Maison de Pierre Loti
Hinter der unscheinbaren weißen Fassade verbirgt sich das kuriose Traumhaus des Pierre Loti. All jene Objekte, die er als Marineoffizier von seinen Weltreisen mitbrachte, haben hier ihren Platz. Ob in der »Moschee«, im türkischen Salon oder im arabischen Zimmer.
141, rue Pierre Loti
Führungen Juli–Sept. tgl. außer So vormittags halbstündlich 10–11 und 14–17 Uhr, Okt.–Juni Führungen tgl. außer Di und So vormittags um 10, 11, 14, 15 und 16 Uhr
Eintritt 40 FF, Kinder 20 FF

Eine historische Abbildung der Corderie Royale

Les Métiers de Mercure
Hier lebt die Epoche um 1900 auf. Mit Läden und Kunsthandwerkerstätten von anno dazumal.
12, rue Lesson
Tgl. außer Di 10–12 und 14–19 Uhr, Juli und Aug. tgl. 10–21 Uhr; Jan. geschl.

Musée d'Art et d'Histoire
Kunst- und Geschichtsmuseum mit völkerkundlicher Sammlung und Gemäldegalerie.
63, avenue Charles de Gaulle
Di–Sa 13.30–17.30 Uhr, Juli und Aug. tgl. außer an Feiertagen 13.30–19 Uhr
Eintritt 10 FF, Kinder 5 FF

Musée de la Marine
Schiffsmodelle, alte Bugfiguren und Dokumente zur Seefahrt, untergebracht im einstigen Kommandantenhaus Hôtel de Cheusses.
Place de la Galissonnière
Tgl. außer Di und an Feiertagen 10–12 und 14–18 Uhr; Mitte Okt.–Mitte Nov. geschl.
Eintritt 26 FF, Kinder 9 FF

Essen und Trinken

Café de la Paix
Brasserie und Café mit netter Terrasse auf der Place Colbert.
27, rue Audry de Puyravault

Le Cap Nell
Mit Bistrot und Grillspezialitäten, Terrasse.
5, rue Lesson
Tel. 05 46 87 31 77
Mo geschl.
Untere/Mittlere Preisklasse

Le Comptoir des Iles
Crêpes, Kaffee und Eis unter freiem Himmel – ein ruhiges Fleckchen.
Place Colbert

Corderie Royale
→ Der Besondere Tip, S. 18

Les Délices du Monde
Kunterbunte Speisekarte mit karibischen, asiatischen und orientalischen Gerichten. Bringt Abwechslung auf den Tisch.
52, rue Denfert-Rochereau
Tel. 05 46 87 46 46
So mittags und Mi geschl.
Untere/Mittlere Preisklasse

Einkaufen

Librairie Corderie Royale
Mehr als 8000 Buchtitel zu Meer und Schiffahrt.
In der Corderie Royale

Marché
Wochenmarkt Di, Do und Sa vormittags im Bereich der Avenue Charles de Gaulle.

Marché des Poissons
Fischmarkt Di, Do und Sa vormittags im Parterre-Geschoß des Palais des Congrès an der Avenue Charles de Gaulle.

Rochefort Bonbons
Schokolade und Süßwaren – ein Sündenbabel der Kalorien.
52, rue Audry de Puyravault

Am Abend

Handy Pub
Bier und Musik bis zum Morgengrauen.
66, rue Gambetta

Théâtre de la Coupe d'Or
Das Spektrum im altehrwürdigen Bau aus dem 18. Jh. reicht von Theater über Tanz- und Chansonabende bis Operette.
101, rue de la République
Tel. 05 46 82 15 15

Service

Auskunft

Office de Tourisme
Das Touristenbüro organisiert Stadtrundgänge, Juni–Mitte Sept. Mo–Fr 10 und 17 Uhr, sonst nur Di 15 Uhr.
Avenue Sadi-Carnot
17300 Rochefort
Tel. 05 46 99 08 60
Fax 05 46 99 52 64

Flugverbindungen
Neuer Pendelservice in kleinen Maschinen zwischen dem Aérodrome Rochefort St-Agnant und Paris Orly-Sud.
Tel. 05 46 83 05 20

Zugverbindungen
Bahnhof an der Place Françoise Dorléac (Tel. 05 46 99 01 36) mit Verbindungen in Richtung Nantes (über La Rochelle) und Bordeaux (über Saintes).

Ausflugsziele

Aulnay ■ E4

Als ein kleines romanisches Meisterwerk der Saintonge gilt die am Weg der Jakobspilger gelegene Eglise St-Pierre d'Aulnay (12. Jh.). Das Südportal besticht durch seine vier Rundbögen mit ihrem Reichtum an Skulpturen: zahlreiche Tiere sowie Figuren der Apostel und der Apokalypse. Darunter mischen sich Figuren aus der aquitanischen Märchenwelt.
Führungen Mitte Juni–Mitte Sept. 10–12.30 und 15–18.30 Uhr
Anfahrt ab Rochefort über St-Jean-d'Angély (D 739, D 950)

Brouage ■ C4

Von Wachturm zu Wachturm auf dem Wall entlang. Bei einem Spaziergang auf den Stadtmauern kann man sich das beste Bild von Brouage machen, jenem Festungsörtchen, das einsam – und heute deplaciert – aus dem Sumpfland des **Marais de Saintonge** ragt. Als Salz- und Garnisonsstadt lag das 1555 gegründete und zwischen 1628 und 1635 erweiterte Brouage am Atlantik, bevor der Hafen vollends verschlammte. Die **Halle aux Vivres**, ein jüngst restaurierter Ziegelbau mit Ausstellungssälchen, diente einst als Warenlager, Pulverkammer und Gefängnis. Übrigens: In Brouage kam Samuel de Champlain (1567–1635) zur Welt, der Gründer von Québec und erste Gouverneur von Kanada.

Anfahrt aus Rochefort über die gebührenpflichtige Charentebrücke, hinter der Brücke über Soubise (D 238) nach Brouage (auch Hiers-Brouage; D 3); knapp 20 km

Ile d'Oléron ■ C4

Man nennt sie »Ile Lumineuse« – die leuchtende Insel. Das ganzjährig milde Klima, die glänzenden Strände und charmanten Dörfer, die Eichen- und Kiefernwälder sowie das breite Angebot an Hotels und Campingplätzen machen Oléron zu einem der beliebtesten Ferienziele an der Atlantikküste. Die nach Korsika zweitgrößte Insel Frankreichs (30 km lang, bis zu zehn km breit; 19 000 Einwohner) ist mit dem Festland über eine drei km lange Brücke verbunden.

Lohnende Ziele auf der Austern- und Mimoseninsel sind der große Sonntagsmarkt und die Zitadelle von **Le Château** (17. Jh.) sowie der Hauptort **St-Pierre** mit dem belebten Zentrum, der Totenlaterne und dem regionalgeschichtlich interessanten **Musée Aliénor d'Aquitaine** (31, rue Pierre Loti). Außerdem der **Phare de Chassiron** (54 m hoher Leuchtturm) an der Nordspitze, das Aquarium und der malerische Fischerhafen von **La Cotinière**, die romanische Kirche von **St-Georges** und der **Vogelpark** bei **Dolus**. Gute Strände liegen im Süden und Südwesten (Vert Bois, Giraudière, Grande Plage) sowie im Nordosten (Gautrelle, Saumonards). Überall einen Stopp wert sind die »dégustations« von Muscheln und Austern.

Service

Auskunft

Office de Tourisme
Place Gambetta
17310 St-Pierre
Tel. 05 46 47 11 39
Fax 05 46 47 10 41
Weitere Touristenbüros in Boyardville, La Brée-les-Bains, Le Château, La Cotinière, Dolus, Domino, Grand-Village, St-Denis, St-Georges und St-Trojan. Noch auf dem Festland: Maison du Tourisme rechter Hand vor der Brückenzufahrt.

La Roche-Courbon ■ D 4

Ein prächtiges Schloß mit trutzigen Zinnen, Arkaden, Teich und Park. Nicht zu vergessen die kunstvollen Baumschnittwerke der Gärtner und – im Innern – das altgediente Mobiliar. Der am Ortsrand von **St-Porchaire** gelegene Herrensitz La Roche-Courbon geht auf das 15. bis 17. Jh. zurück. Ein kurzer Fußweg führt zu den in vorgeschichtlicher Zeit bewohnten Höhlen (**grottes**).
Mitte Juni–Mitte Sept. tgl. 10–12 und 14.30–18.30 Uhr, Mitte Sept.–Mitte Juni tgl. außer Do 10–12 und 14.30–17.30 Uhr; Mitte Feb.–Mitte März geschl.
Anfahrt ab Rochefort auf der N 137 Richtung Saintes, Abzweig St-Porchaire und auf der D 122 ca. 1,5 km Richtung St-Savinien

Erinnert an die großen Loire-Schlösser: La Roche-Courbon

La Rochelle

■ C3

Ein Stückchen Amsterdam? Vielleicht. Ein Stückchen Paris? Ganz sicher. Und viel La Rochelle. In La Rochelle kann man leicht zum Schwärmer werden – für eine Dame unter den Küstenstädten. Der rauhe Seewind und ein Hauch von Welt haben die Hafen- und Handelsstadt (80 000 Einwohner) seit dem Mittelalter geprägt. Englische Fremdherrscher setzten sich hier fest (12.–14. Jahrhundert), die Hugenotten wehrten sich gegen die Belagerungen durch königliche Armeen (16.–17. Jahrhundert), französische Auswanderer legten nach Nordamerika ab (nach 1700), deutsche U-Boote hatten hier ihren Stützpunkt (1940–1945). Vom Frachthafen La Pallice aus werden heute Getreide- und Fleischprodukte in viele Länder verschifft.

All die Laubengänge und Bürgerhäuser, die Stadtmauern und Wachtürme sind Abbild des Gestern, das heute Heerscharen von Besuchern anlockt. Unbeschwert und ausgelassen geht es im Sommer rund um die **Hafenpromenaden** und den **Boulevard Cours des Dames** zu. Wer es ruhiger liebt, legt sich an den Strand oder flaniert auf der **Promenade de la Plage Concurrence**, durch die weiten Grünanlagen im Westen der Altstadt und, dem Casino entgegen, auf der Allée du Mail.

La Rochelle ist Ausgangspunkt zu vielen Ausflügen: ob ins Einkaufsstädtchen **Niort** oder zum Muschelzuchtort **Esnandes**. Wer sich reif für die Inseln fühlt: Die sonnenreichen Ile d'Aix und Ile de Ré liegen direkt vor der Hoteltür.

Weltoffen und umtriebig präsentiert sich La Rochelle: hier im Café de la Paix

Hotels und andere Unterkünfte

France-Angleterre et Champlain
Mit gepflegtem Garten, ruhig und doch zentral.
20, rue Rambaud
Tel. 05 46 41 34 66
Fax 05 46 41 15 19
40 Zimmer
Mittlere/Obere Preisklasse

L'Océan
Im Herzen der beliebtesten Ausgehzone mit allen Vor- und Nachteilen. Acht der Zimmer mit Meerblick. Häufig ausgebucht.
36, cours des Dames
Tel. 05 46 41 31 97
Fax 05 46 41 51 12
15 Zimmer
Mittlere Preisklasse

L´Océanide
Wem der Sommertrubel zu bunt wird, quartiert sich hier am Port des Minimes ein und beäugt aus komfortablen Zimmern alles gelassen aus der Ferne. Mit Panoramarestaurant.
Quai Louis Prunier
Tel. 05 46 50 61 50
Fax 05 46 41 24 31
123 Zimmer
Mittlere/Obere Preisklasse

Des Sports
Zwei-Sterne-Haus, familiärer Rahmen, Zimmer mit TV.
20, place Maréchal Foch
Tel. 05 46 41 15 75
Fax 05 46 67 38 92
11 Zimmer
Mittlere Preisklasse

Camping Le Soleil
Zwei-Sterne-Platz, etwa 1,5 km vom Stadtkern entfernt. Nur in der Hauptsaison geöffnet.
Avenue des Minimes
Tel. 05 46 44 42 53

Spaziergang

Ausgangspunkt ist die **Tour St-Nicolas** an der Hafenausfahrt. Umrunden Sie das Hafenbecken und gehen Sie am vielbefahrenen Quai Duperré bis zur Place Barentin. Dort links auf den Cours des Dames und an der klobigen **Tour de la Chaîne** vorbei an die Esplanade St-Jean-d'Acre. Zwischen Hafeneinfahrt und Stadtmauergürtel noch ein Stück am Kai entlang und dann rechts hoch bis zur **Tour de la Lanterne**, in einer Schleife um den Turm herum und auf dem Mauerring (Rue Sur-les-Murs) wieder der Tour de la Chaîne entgegen. Dann Treppen runter und direkt links in die Rue de la Chaîne mit ihren Restaurants und Bars. Am Ende gelangen Sie über die Rue St-Jean-du-Pérot in die ruhige Rue Verdières und halten sich auf dem Sträßchen rechts bis zur Rue Léonce Vieljeux. Dort rechts bis zur Place Barentin, links durch das Stadttor **Grosse Horloge** in die Fußgängerzone hinein, an der nächsten Ecke rechts in die belebte Rue du Temple und an deren Ende schräg links in die Rue de l'Hôtel de Ville bis zum Vorplatz des **Rathauses**. Weiter durch die Rue Dupaty und biegen rechts in die von Geschäftsarkaden geprägte Rue Chaudrier, bis Sie die **Cathédrale St-Louis** erreichen. Von dort durch die Rue Fleuriau und die kleine Rue du Beurre bis zur großen Rue des Merciers. Dort rechts und durch die Arkaden, geradeaus weiter in die Rue des Gentilshommes und links in die Rue St-Sauveur bis zur **Eglise St-Sauveur**. Danach auf dem Fußgängerbrückchen über den Kanal hinweg in die pittoreske Rue St-Nicolas bis zur Place du Commandant de la Motte Rouge. Rechts tritt wieder der Hafenwachturm St-Nicolas ins Blickfeld.

Sehenswertes

Cathédrale St-Louis

Nach Zerstörungen vormaliger Kirchen in den Religionskriegen wurde der Kathedralbau 1742 begonnen und erst 1862 eingeweiht. Kennzeichnend sind das lichtdurchflutete breite Hauptschiff, die hohe Kuppel und die Marienkapelle. Beachtung verdienen die von geretteten Seemännern gestifteten Votivtafeln. Der Dom liegt an der Place de Verdun.

Eglise St-Sauveur

Hoch über dem Quai Maubec ragt der spätgotische Glockenturm der Eglise St-Sauveur auf. Im 17. und 18. Jh. wurde der Rest des Gotteshauses neu errichtet. Schlichtes Inneres mit Spitzbögen und Rippengewölben.

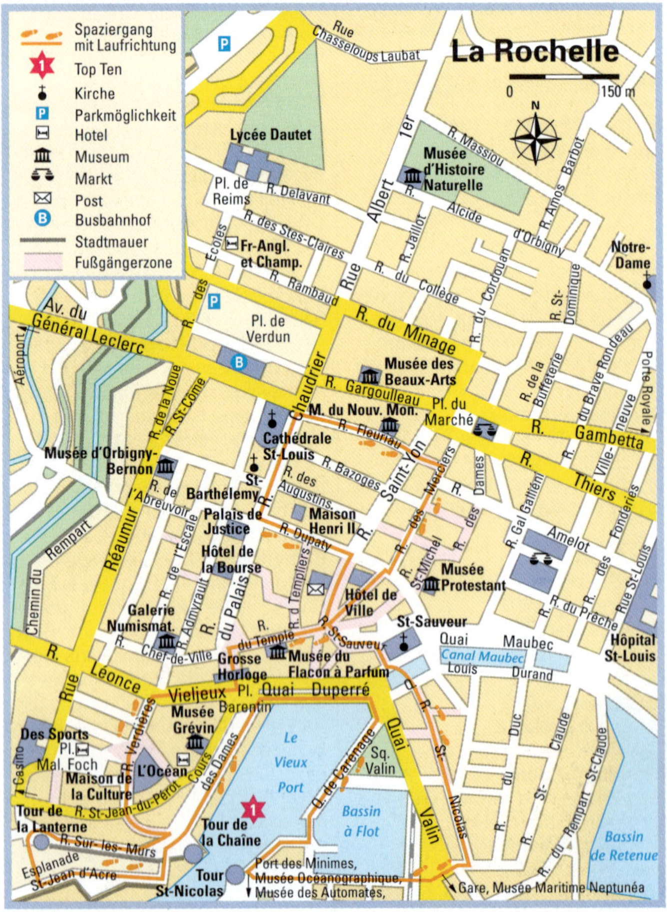

Grosse Horloge
Mittelalterliches Stadtmauertor an der Place Barentin mit Kuppelaufsatz aus dem 18. Jh. Heute trennt der Große Uhrturm die vielbefahrene Hafenrundstraße von der Fußgängerzone. Direkt am Bogen Eintritt in ein kleines Archäologisches Museum.
Juli–Mitte Sept. tgl. 10–19 Uhr

Hôtel de Ville
Festungsgleich und doch grazil erhebt sich das Rathaus an der Place de l'Hôtel de Ville mitten in der Altstadt. Mit Außenmauer, Türmchen, Renaissancefassade, Arkadenumläufen und monumentaler Treppe. Der Hauptbau wurde unter Heinrich IV. errichtet. Innenbesuche nur im Rahmen von Führungen, mit Erinnerungen an die Belagerung und den Fall La Rochelles in den Religionskriegen (1628); zu sehen ist das Arbeitszimmer des damaligen Bürgermeisters Jean Guiton.

Maison Henri II
Vom einstigen Renaissancepalast (16. Jh.) sind lediglich Galerien erhalten, die beide Gebäudetrakte verbinden.
11 bis, rue des Augustins
Juli und Aug. Mo–Fr 10–12 und 14–18 Uhr

Port des Minimes
Größter Sporthafen an der Atlantikküste mit Platz für bis zu 3000 Yachten. Mit Kongreßzentrum, Ozeanographischem Museum und Aquarium.

Le Vieux Port
Als steinerne Wächter erheben sich die **Tour St-Nicolas** und die **Tour de la Chaîne** beidseits der Einfahrt ins Becken des Alten Hafens. Um Schiffe an der Passage zu hindern, wurde einst eine riesige eiserne Kette zwischen beiden Türmen gespannt. Dort, wo heute Fischkutter eintuckern, liefen vor Jahrhunderten Segler, beladen mit Handelswaren, in Richtung Kanada und Karibik aus. In Sichtweite des Chaîne liegt die **Tour de la Lanterne**, ein weiteres Stück Militärarchitektur, das zuweilen als Gefängnis diente (an den Mauern aberhundert Ritzzeichen einstiger Häftlinge).

Im mittelalterlichen Bild um den Alten Hafen bebt La Rochelle im Sommer. Restaurants, Cafés, Crêperien, Straßenstände und -märkte machen die Zone zu einem stimmungsgeladenen Treff.

Museen

Aquarium
Eintauchen in die Weltmeere mit Seeschildkröten, Haien und tropischer Farbenpracht. Besonders schön: Besuche an Sommerabenden.
Port des Minimes
Sept.–April 10–12 und 14–19 Uhr, Mai, Juni 9–19 Uhr, Juli, Aug. 9–23 Uhr
Eintritt 42 FF, Kinder 25 FF

Musée d'Histoire Naturelle
Naturgeschichtemuseum mit zoologischer, botanischer, mineralogischer und völkerkundlicher Sammlung.
28, rue Albert 1er
Di–Fr 10–12.30 und 13.30–17.30 Uhr, Sa und So nur 14–18 Uhr
Eintritt 18 FF, Kinder frei

Musée Maritime Neptunéa
Kutter am Kai: mit alten Fischdampfern, aber auch Rettungsbooten, Yachten, Wetterkundefregatte und Slipway für den Stapellauf.
Bassin des Chalutiers
Tgl. 10–19 Uhr
Eintritt 40 FF, Kinder 25 FF

Musée Océanographique
Attraktionen sind die Seehundfütterungen um 11 und 16.30 Uhr.
Port des Minimes
Juni–Mitte Sept. Di–Sa 10–18.30, So 14.30–18.30 Uhr, Mitte Sept.–Mai Di–Sa 10–12 und 14–17.30 Uhr
Eintritt 18 FF, Kinder kostenlos

In der Museumsstadt La Rochelle findet man weiterhin: **Galerie Numismatique** (18, rue Chef-de-Ville; Münzausstellung), **Musée des Automates** (rue de la Désirée in La Ville en Bois; Automatenmuseum), **Musée des Beaux-Arts** (rue Gargoulleau; Museum der Schönen Künste), **Musée du Flacon à Parfum** (33, rue du Temple; Parfumfläschchenmuseum), **Musée Grévin** (38, cours des Dames; Wachsfigurenkabinett), **Musée du Nouveau Monde** (10, rue Fleuriau; Kolonialmuseum), **Musée d'Orbigny-Bernon** (2, rue Saint-Côme; Heimatmuseum) und **Musée Protestant** (2, rue Saint-Michel; Protestantisches Museum).

Essen und Trinken

Café de la Paix
Traditionelles Kaffeehaus mit Bohème-Ambiente an Marmortischen unter Kugelleuchtern.
54, rue Chaudrier

Chez Serge
Bei Serge ist der Fisch König, sagt er. Terrassenservice im steten Hochbetrieb, mitunter hektisch.
46, cours des Dames
Tel. 05 46/41 18 80
Mittlere/Obere Preisklasse

Les Comédiens
Seeteufelfrikassee, gegrillte Sardinen und Paella in gemütlichem Rahmen.
15, rue de la Chaîne
Tel. 05 46 50 51 98
Untere/Mittlere Preisklasse

A côté de chez Fred
Austern, Krebse und anderes Meeresgetier in stilvollem Ambiente – im Speisesaal hängen Fischernetze. Fred bürgt für gute, frische Qualität.
30–32, rue St-Nicolas
Tel. 05 46 41 65 76
Untere/Mittlere Preisklasse

Les Pêcheurs
Hummer, Lachs und marinierte Muscheln mit Blick auf die Tour de la Chaîne und das pralle Leben rund um den Platz. Serviert wird drinnen und draußen.
Place de la Chaîne
Tel. 05 46 41 25 16
Untere/Mittlere Preisklasse

Richard Coutenceau
Feudaler Gourmettempel mit kreativer Küche. Meeresfrüchte, Käseplatte mit Nußbrot, Kerzenschein. Und dazu von den Fenstertischen der Blick auf die Hafenzufahrt.
Plage de la Concurrence
Tel. 05 46 41 48 19
So geschl.
Obere Preisklasse/Luxusklasse

Einkaufen

Antiquités Denis
Porzellanschätzchen aller Art in vernickelten Räumen.
Ecke Rue du Temple/Rue des Templiers

Cuir de l'Ours
Hier riecht und sieht man nur noch Leder: Westen, Rucksäcke, Jacken, Stiefel, Kappen, Mokassins. Auswahl für jedes Alter, nicht überteuert.
15, rue des Merciers

Jeanne d'Albret
Köstliche Kalorienbomben, von Kaffeepralinen über Pineaubonbons bis zu Weingelee.
10, rue Chaudrier

Marché des Peintres et des Artisans
Maler- und Kunsthandwerkermarkt. Mitte Juni–Mitte Sept. tgl. rund um die Tour de la Chaîne

Marché aux Puces
Netter Trödel- und Antiquitätenmarkt, auf dem man mitunter geschnitzte Elfenbeinartikel sieht.
Sa entlang der Rue St-Nicolas, im Juli und Aug. zudem Do

Am Abend

Casino
Roulette, Black Jack, Spielautomaten, Diskothek und Restaurant.
Allées du Mail

Cave de la Guignette
Urig, mit leeren Weinfässern als Tisch-Ersatz.
Rue St-Nicolas

Le Lou-Foc
Beliebter Treffpunkt mit Bistroatmosphäre drinnen und draußen, auch für ältere Jahrgänge.
9, place de la Petite-Sirène

Oxford
Diskothek mit jungem ausgelassenem Publikum. Öffnet erst um 23 Uhr.
Complexe de la Pergola, Plage de la Concurrence

Rhumerie
Tropische Drinks und Cocktails in Korbstühlchen unter freiem Himmel.
Place de la Chaîne

Théâtre de l'Utopie
Modernes ernstes, aber auch komödiantisches Theater.
39, rue Thiers
Tel. 05 46 41 71 33

Le Triolet
Exklusiver Club für Nachtschwärmer. Knapp 100 Whiskysorten zur Auswahl.
8, rue des Carmes

Service

Auskunft

Office de Tourisme
Organisierte Stadtrundgänge ab dem Touristenbüro im Juli und Aug. tgl. außer So und feiertags 10.30 Uhr
Place de la Petite-Sirène
17025 La Rochelle
Tel. 05 46 41 14 68
Fax 05 46 41 99 85

Bootstouren
Ausflugsschiffe zu den Inseln Ré, Aix und Oléron sowie zur Tour de Fort Boyard in der Hauptsaison ab dem Cours des Dames. Kartenhäuschen auch an der Esplanade St-Jean-d'Acre.

Flugverbindungen
Ab dem Aéroport La Rochelle-Laleu (Tel. 05 46 42 30 26) Flüge nach Paris-Orly Sud, ab dort Anschluß nach Mulhouse-Bâle.

Zugverbindungen
Hauptbahnhof an der Place Pierre-Sémard, Tel. 05 46 41 50 50. Direkte TGV-Verbindungen nach Paris-Montparnasse.

Ausflugsziele

Châtelaillon-Plage ■ C3

Langer Sandstrand, ausgedehnte Meerespromenade. Dazu Kurhotels und Casino, Aquacenter und Segelschule. Châtelaillon-Plage bietet für alle etwas. Hotels und Campingplätze für jeden Geldbeutel. Von manchen als Nachteil empfunden: Bei Flut taucht die Strandlinie fast ganz unter.
Anfahrt ab La Rochelle: rund zwölf km Richtung Rochefort (N 137)

Esnandes ■ C3

Wer in der bäuerlichen Gegend von Esnandes nicht von Rapsanbau und Rinderhaltung lebt, führt die um 1850 in der Baie de l'Aiguillon entstandene örtliche Tradition der Muschelzucht fort. Das Museum am Ortsrand von Esnandes (**Maison de la Mytiliculture**; rue de l'Océan) informiert über alte und neue Techniken, Boote, Geräte und den Handel mit den Weichtieren. Einen Besuch wert ist die klobige romanische **Wehrkirche St-Martin** mit ihrem reichverzierten Portal.

Esnandes liegt zwölf km nördlich von La Rochelle und ist über die Achse Lagord- Nieul-sur-Mer-Marsilly zu erreichen (D 105).

Fouras ■ C4

Weit in den Atlantik hinein züngelt sich die Halbinsel von Fouras. Das rund 25 km südlich von La Rochelle gelegene Örtchen ist beliebt unter Austern-Feinschmeckern und Bootsausflüglern. Vier kleine Sandstrände stehen für Meeres- und Sonnenbäder zur Wahl, darunter die rund 800 m lange **Grande Plage**. Das beste Panorama über den extrem weitläufigen Ort bietet sich vom Burgturm des **Forts Vauban** aus.
Anfahrt ab La Rochelle Richtung Rochefort (N 137)

Eine drei km lange Brücke überspannt das Meer bis zur Ile de Ré

Ile d'Aix ■ C 4

Als strategisches Naturbollwerk mitten im Meer, verstärkt durch Festungsmauern und Türme, diente die gerade einmal 13 km^2 kleine Insel bereits im 17. Jh. Der bekannteste Gefangene kam im Juli 1815: Napoléon Bonaparte. Vor seiner letzten Fahrt in die Verbannung nach Sankt Helena verbrachte der einstige Kaiser und Feldherr mehrere Tage auf Aix. An seinen Inselaufenthalt, Aufstieg und Niedergang erinnert – anhand zahlreicher Exponate – das in einem neoklassizistischen Bau in der Rue Napoléon untergebrachte **Musée Napoléonien**. In derselben Straße liegt das **Musée Africain** mit ethnologisch und zoologisch interessanten Stücken, in den ersten Jahrzehnten des Jahrhunderts zusammengetragen von Baron Gourgaud. Nur aus wenigen Straßenzügen setzt sich das Dorf auf Aix zusammen, das übergeht in das verwinkelte **Fort La Rade**.

Es bietet sich an, die Insel zu Fuß (→ Routen und Touren, S. 114) oder mit dem Fahrrad zu erkunden (Verleiher nahe der Bootsanlegestelle am Quai d'Acadie).

Bootspendelverkehr zwischen Aix und Fouras (ganzjährig), La Rochelle (April–Sept.), Ile de Ré (Juni–Sept.) und Ile d'Oléron (Mai–Sept.)

Ile de Ré ■ C 3

Die Vorfreude dauert drei km. So lang ist die – gebührenpflichtige – Brücke, die sich vom Festland auf die flache Insel spannt. Gesegnet ist die Ile de Ré mit Dutzenden von weißen Strandkilometern, Pinienwäldern, Dünenstreifen und 2600 Sonnenstunden pro Jahr, die im ozeanischen Mikroklima selbst den Anbau von Wein erlauben. Atmosphäre schnuppern läßt sich am besten rund um den Hafen sowie den geschäftigen Bereich um die Rue de Sully in der befestigten Inselhauptstadt **St-Martin**. Gute Rundblicke bieten sich sowohl vom Glockenturm der gotischen Kirche St-Martin als auch vom **Phare des Baleines** aus, dem am Nordwestende der rund 30 km langen Insel errichteten Leuchtturm. Weiterhin sehenswert: die Zitadelle und der Parc de la Barbette in St-Martin, die traditionellen Salinen, die bei Rivedoux gelegenen Ruinen der **Zisterzienserabtei Châteliers** sowie der **Freizeitpark L'Arche de Noé** nahe dem Baleines-Leuchtturm. Fahrradverleih (zahlreiche markierte Radwege), Segelschulen, Bootspromenaden sowie Reit- und Tenniszentren stehen für ein breites Sport- und Freizeitangebot. Gute Strände in der Conche des Baleines, bei Le Bois-Plage und La Couarde-sur-Mer; indes schaut man vom Südstrand von Rivedoux-Plage auf die schäbigen Industrie- und Hafenanlagen von La Rochelle-La Pallice.

Service

Auskunft

Office de Tourisme
Avenue Bouthillier
17410 St-Martin-de-Ré
Tel. 05 46 09 20 06
Fax 05 46 09 06 18
Weitere Büros u.a. in Ars, Le Bois-Plage, La Couarde, La Flotte, Loix, Les Portes, Rivedoux-Plage und Ste-Marie

Maillezais ■ D 3

Über den weitläufigen Wiesen- und Moorflächen des Marais Poitevin erheben sich Ruinen, durch deren Rundbögen man ins Stahlblau des Himmels schaut. Rund einen km

vom Dorfkern Maillezais' mit seiner gedrungenen Pfarrkirche St-Nicolas (12. Jh.) entfernt, erreicht man die imposanten Reste der **Benediktinerabtei St-Pierre**. Ins Jahr 1003 reichen die geschichtlichen Wurzeln des Klosterkomplexes zurück, über den sich der beste Blick von einem Türmchen neben den erhaltenen Arkaden bietet (schmale schlüpfrige Stiege). Beim weiteren Rundgang durch die Abteianlage besucht man die einstigen Speise- und Schlafsäle der Mönche und steigt in Salzkeller und Verliese hinab. Die achteckige Küche ist als kleiner Museumsraum mit Büsten und Kapitellresten hergerichtet.
Tgl. 9–12.30 und 14–19 Uhr; Nov.–März Do geschl.

Marais Poitevin ■ C 3/D 3

»Venise verte« nennt man das Marais Poitevin liebevoll – das grüne Venedig. Sümpfe, Weiden und Kanäle prägen den 65 000 ha großen Naturpark im Städtedreieck zwischen La Rochelle, Niort und La Roche-sur-Yon. Wer sich nicht der Muskelkraft eines erfahrenen Gondoliere anvertraut, nimmt die Ruder selbst in die Hand und durchstakt das Labyrinth der Wasserstraßen. In der Stille gleitet der Kahn unter Blätterdächern und Brückchen hindurch, in Millimeterarbeit und Minimaltempo vorbei an knorrigen Baumstämmen, Zweigen und Halmen. Es riecht nach Blüten und frischem Grün, und Kühe auf saftigen Wiesen voller Löwenzahn und Butterblumen nähern sich, um die merkwürdige zweibeinige Bootsfracht zu beäugen.

Ablegestellen von Kähnen, Tretbooten und/oder Kanus (**embarcadères**; Streckenpläne für Selbstpaddler) findet man in der Saison zwischen April und Okt. in Örtchen wie Arçais, Bessines, Coulon (Hauptort), Damvix, La Gargette-Sansais, Maillezais und Marans (beide ebenfalls sehr beliebt), Le Mazeau sowie La Ronde. Für ein Ruderboot mit Führer bezahlen bis zu sechs Personen für eineinhalb Stunden 180 FF; ein Boot solo kostet für bis zu fünf Personen 90 FF für zwei Stunden. Im Sommer nicht vergessen: Mückenschutzmittel.

Niort ■ D 3

Wer einmal die stimmungsvollen Markthallen an der Place des Halles und die verwinkelte Fußgängerzone der Altstadt für sich entdeckt hat, stellt fest: Bummeln und Einkaufen macht hier riesigen Spaß. Als lebhafte Handels- und Durchgangsstation präsentiert sich die 60 000-Einwohner-Stadt. Das war bereits im Mittelalter so, als Heinrich II. und, später, Richard Löwenherz eine gewaltige Feste über dem Fluß errichten ließen. Als heutiges Wahrzeichen Niorts ist der **Donjon**, ein wulstiger Doppelturm, erhalten (tgl. außer Di 9–12 und 14–17 Uhr; mit Museum zu Archäologie und Volkskunde).

Weiterhin sehenswert der **Pilori-Renaissancebau** (das alte Rathaus, heute Kirche; rue Berthomé), die elegante **Eglise Notre-Dame** mit ihren reichen Ornamenten am Nordportal (14.–16. Jh.; rue Notre-Dame), das die Stadt überragende Gotteshaus **St-André** mit seinen beiden gotischen Türmen (rue St-André) und der **Vieux Pont**, die alte Brücke, über die Sèvre Niortaise am Quai Cronstadt. Längs der Flußpromenaden macht Niort einen erfrischend grünen Eindruck.
Anfahrt über die N 11, ca. 65 km von La Rochelle

Service

Auskunft

Office de Tourisme
Place de la Poste
79008 Niort
Tel. 05 49 24 18 79
Fax 05 49 24 98 90

Les Sables-d'Olonne ■ B2

Die Kinder lockt der Zoo, die Kurgäste die Thalassotherapie, die Glücksritter das Casino und die Kunstfreunde die Gemäldegalerie des **Musée de l'Abbaye Ste-Croix** an. Allen steht im Seebad mit den vielen Gesichtern der kilometerlange Sandstrand offen, der gesäumt ist von Appartementblocks und einen weiten Bogen schlägt von der Hafeneinfahrt bis zum Leuchtturm gegenüber der Place de Strasbourg. Wer sich nach Windsurfen, Segeln, Atlantik- und Sonnenbädern zu weiterem Tun aufrafft, flaniert an der breiten Promenade, bucht eine Hafen- und Salinenrundfahrt oder bummelt durch die verwinkelte Fußgängerzone rund um die Rue de l'Hôtel de Ville, die Rue Jean Moulin und die Renaissancekirche **Notre-Dame de Bon-Port**. Frühaufsteher finden sich bei Sonnenaufgang zur Fischversteigerung am Port de Pêche, dem Fischerhafen, ein. Von der Vergangenheit Les Sables', einstige Salinenstadt und heute bedeutendster Badeort an der Côte de Lumière, zeugt der Leucht- und Festungsturm **Tour d'Arundel** (12. Jh.; lohnende Aussicht) am Hafenkanal. Für den sommerlichen Besucherstrom zeigt man sich gut gerüstet: Rund um die City stehen 5000 Parkplätze bereit.

Service

Auskunft

Office de Tourisme
8, rue du Maréchal Leclerc
85104 Les Sables-d'Olonne
Tel. 02 51 32 03 28
Fax 02 51 32 84 49

Talmont-St-Hilaire ■ B3

Vom stolzen mittelalterlichen Wehrschloß, durch dessen Geheimgänge einst Richard Löwenherz schritt, ist heute brüchiges Mauerwerk erhalten. Die Kastellruinen dominieren das Örtchen in der südlichen Vendée, rund 90 Straßenkilometer nordwestlich von La Rochelle. Bei der Anfahrt nach Talmont-St-Hilaire (N 137, D 949) kann man Stopps in **Luçon** (gotische Kathedrale, Jardin Dumaine, sorgsamer Baumschnitt in vielen Straßen), an den **Menhiren von Plessis** und dem Renaissance-Wasserschloß **La Guignardière** bei Avrillé einlegen.

Ein Besuch von Talmont-St-Hilaire läßt sich sowohl mit Les Sables-d'Olonne als auch mit folgenden Zielen in der Nähe kombinieren: dem **Centre de la Préhistoire** in St-Hilaire-la-Forêt (→ Mit Kindern unterwegs, S. 27), der aus dem 13. Jh. datierenden **Abbaye de-Notre-Dame-de-Lieu-Dieu** bei Jard-sur-Mer, dem **Maison Clemenceau** am Ortsrand von St-Vincent-sur-Jard (einstiges Wohnhaus des republikanischen Politikers Georges Clemenceau, 1841–1929) und dem **Automobilmuseum** an der D 949 zwischen Talmont und Les Sables d'Olonne (Mitte März–Mai und Sept. tgl. 9.30–12 und 14–18.30, Juni–Aug. 9.30–19, Okt.–Mitte März 14–18 Uhr; Eintritt 38 FF, Kinder 19 FF).

Royan

■ C 4

Lang, lang sind die Sommernächte. Royan steht heute als Synonym für schöne Strände und ein lockeres Ferienleben mit jungem Publikum. Schon Meisterliterat Emile Zola fühlte sich hier pudelwohl. Und das noch vor den Zeiten der Belle Epoque, die zu Jahrhundertbeginn in Royan für einen großen Stimmungsschub sorgte – ob an den Esplanaden oder im elitären Casino.

Kriegsschäden

Das Gesicht des Seebads an der Gironde-Mündung mit prächtigen Villen und Fassaden wurde mit einem Schlag zerstört. Es war am Morgen des 5. Januar 1945, als Bomber der Alliierten Royan dem Erdboden gleichmachten, um verschanzte deutsche Widerstandstrupps auszulöschen.

Wer heute am Boulevard Garnier entlangfährt, kann den einst noblen Glanz der 17 000-Einwohner-Stadt nur noch an einigen wenigen erhaltenen Fassaden erahnen. Ansonsten herrscht im Stadtbild durchwegs eine spröde Zwangsmoderne. Herausragende Sehenswürdigkeiten: Fehlanzeige. Dafür ist es an den Stränden – insbesondere der langgestreckten **Grande Conche** – und in den belebten Sommerzonen zwischen Sporthafen und dem Boulevard Front de Mer um so schöner.

Als Sprungbrett für Ausflugstouren eignet sich Royan vorzüglich: ob an die rauhe, stürmische **Côte Sauvage**, zur wuchtigen Festungskirche in **Talmont** oder zum Zoo von **La Palmyre**. Nicht minder lohnend ist eine Überfahrt zum Cordovan-Leuchtturm.

Im Abendlicht wirkt das im Krieg weitgehend zerstörte Royan stimmungsvoll

Hotels und andere Unterkünfte

Beau Rivage
Zwei-Sterne-Hotel in bescheidenem Rahmen. Die nicht gerade leise Straße leitet an den kleinen Balkonen mit Seeblick vorbei.
9, façade de Foncillon
Tel. 05 46 39 43 10
Fax 05 46 38 22 50
22 Zimmer
Untere/Mittlere Preisklasse

Farandole
Kleines Haus an der Meerespromenade. Ein Katzensprung bis zur Grande Conche, ideal für Strandurlauber, nicht zu teuer.
62, boulevard Garnier
Tel. 05 46 05 11 72
Fax 05 46 05 87 90
14 Zimmer
Untere/Mittlere Preisklasse

Foncillon
Über die Hälfte der Zimmer mit Seeblick, zwei sind behindertengerecht eingerichtet. Am Kongreßzentrum und über der Conche de Foncillon, durch Straße vom Strand getrennt.
57, avenue des Congrès
Tel. 05 46 38 48 00
Fax 05 46 39 99 23
29 Zimmer
Mittlere/Obere Preisklasse

Novotel
In Vorzugslage auf einer kleinen Landzunge, ca. 1,5 km außerhalb vom Zentrum. Die schönsten Meeresblicke aus jenen Zimmern zur Stadtseite hin. Thalassotherapiezentrum.
Conche du Fort du Chay, Boulevard Carnot
Tel. 05 46 39 46 39
Fax 05 46 39 46 46
83 Zimmer
Obere Preisklasse

La Saintonge
Sehr zentral und etwas zurückgesetzt vom Boulevard Front de Mer. Familiärer Rahmen, Zimmer mit TV.
14, rue Gambetta
Tel. 05 46 05 78 24
14 Zimmer
Untere/Mittlere Preisklasse

Camping Clairefontaine
Vier-Sterne-Platz in Pontaillac, nur wenige hundert Meter bis zum Strand.
Allée des Peupliers
Tel. 05 46 39 08 11
Fax 05 46 38 13 79

Weitere gute Campingplätze findet man in den Nachbarorten St-Georges-de-Didonne und Meschers-sur-Gironde.

Spaziergang

Startpunkt für einen mindestens 45minütigen Bummel ist das Touristenbüro am Rond Point de la Poste. Entdecken Sie von hier aus die Promenade **Front de Mer**, an der man von einer kulinarischen Versuchung zur nächsten vorbeistreift. Pizzas und Crêpes, Krabben und Eis, mal stilvoll im Restaurant, mal appetitstillend im Schnellimbiß. Im Sommer brodelt das Leben am Boulevard. Gehen Sie bis zur großen Place du 4ième-Zouaves, dort rechts über die benachbarte Place Charles de Gaulle hinweg auf den platanengesäumten Boulevard Aristide Briand. Den Weg bis zu den **Markthallen** prägen vielfältige Läden und einzelne Restaurants. In und um den Kuppelbau des Marktes finden Sie ein reiches Angebot an Gemüse, Obst, Meeresfrüchten und Milchprodukten.

Danach Rückweg am besten wieder über den Boulevard Aristide Briand bis zur Place Charles de Gaulle, rechts in die Rue Notre-Dame und dem eigenwilligen modernen Betonbau der **Eglise Notre-Dame** entgegen.

Vom blumenverzierten Rondell des Kirchvorplatzes folgen Sie der Rue des Bains und kommen durch eine kleine Passage zurück auf den Boulevard Front de Mer. Dieser leitet rechts Richtung **Sporthafen** mit all seinen Yachten, Freiluftbars, Restaurants und Boutiquen. An den Sport- schließen sich der Fischerhafen, die Ablegestelle der Fähren über die Gironde-Mündung und der kleine Stadtstrand **Conche de Foncillon** unterhalb des Palais des Congrès an. Am Foncillon-Strand haben Sie zwei Möglichkeiten. Entweder brechen Sie hier den Bummel ab und flanieren über die Boulevards Thiers und Front du Mer zum Ausgangspunkt zurück. Oder Sie dehnen den Spaziergang weiter westwärts an der zerfransten Küstenlinie aus, soweit die Füße tragen: vorbei am Meeresschwimmbad am anderen Ende der Conche de Foncillon, am Thalassotherapiehotel auf einer Landzunge, an Fischerhüttchen auf Stelzen sowie den Stränden **Conche de Chay** und **Conche de Pigeonnier** bis zur **Conche de Pontaillac** unterhalb des Casinokomplexes. Rückweg auf derselben Strecke, da es den inneren Stadtzonen Royans an Attraktivität mangelt.

Sehenswertes

Eglise Notre-Dame
Stufiger Gußbetonbau aus den fünfziger Jahren mit 80 m hohem Turm. Im Innern eröffnet sich eine gewaltige Halle in ovaler Form mit langen senkrechten Glasfenstern in den typischen Gelb-Blau-Farben von Royan.
Rue Notre-Dame

Häfen
Malerische Ansichten und viel Sommerstimmung um den Sporthafen (**port de plaisance**) und den Fischerhafen (**port de pêche** bzw. **port de commerce**).
Fischauktion (**criée**) Mo 15.30 Uhr, Di–Fr 16 Uhr

Museum

La Poche de Royan
Fahrzeuge, Fotos und Dokumente zur deutschen Besatzung im Zweiten Weltkrieg.
Bei Le Gua, 14 km von Royan entfernt, Richtung Marennes
Tgl. 10–19 Uhr
Eintritt 35 FF, Kinder 15 FF

Essen und Trinken

Du Casino
Reiche Salatauswahl und Meeresfrüchte im geschützten Glaskasten an der Straße.
62, front de Mer
Tel. 05 46 38 53 20
Untere/Mittlere Preisklasse

Crêperie de la Plage
Einfach und schnörkellos. Crêpes und Pizzas.
44, front de Mer
Untere Preisklasse

Crêperie du Port
Für den kleinen Appetit zwischendurch, auch Fruchtsäfte.
Am Sporthafen
Untere Preisklasse

La Criée
Restaurant ohne Aussicht, aber gute Portionen zu vernünftigen Preisen. Meeresfrüchte.
Am Hafen
Tel. 05 46 39 84 10
Mo geschl.
Untere Preisklasse

Le Dauphin
Austern, Hummer und komplette Meeresfrüchteplatte mit Blick auf die Yachten. Gute Plätze auch im ersten Stock.
Am Sporthafen
Tel. 05 46 39 39 11
Mittlere Preisklasse

Du Marché
Nette Rast bei Kaffee, Bier und Sandwiches auf den Korbstühlchen der Bar am Marktgebäude.
Marché Central, Boulevard Aristide Briand

Le Nautile
Eines der besten Häuser der Stadt. Mit Terrasse über dem Foncillon-Strand. Meeresfrüchte, Ente, gegrillter Hummer.
Plage de Foncillon
Tel. 05 46 38 65 13
Mittlere/Obere Preisklasse

Einkaufen

Caves du Centre
Reiche Auswahl an Weinen, Cognac, Champagner. Einladende Präsentation.
58, boulevard Aristide Briand

Château de Didonne
Weinschloß in Semussac. Sieben km von Royan entfernt, Richtung Bordeaux. Herrensitz mit Park, Restaurant und Musée Agricole (landwirtschaftlicher Maschinenpark mit Modellen von 1850 bis heute).

Maïthe
Typische Töpferwaren der Charente mit frischen Blumenmotiven in Gelb und Blau. Gehobenes Preisniveau.
Am Sporthafen

Marché Central
Gute Marktauswahl an Wein, Käse und Pasteten in den Rundläufen unter der Betonkuppel.
Mo–Sa vormittags
Am Ende des Boulevard Aristide Briand

Les Prés de Roumillac
Kulinarische Spezialitäten vom Bauernhof mit Entenleber und Grüne-Tomaten-Konfitüre. Hübsch verpackt, gehobenes Preisniveau.
76, boulevard Aristide Briand

Via Natura
Von eingerahmten Schiffsknoten bis zum Zweimaster in der Flasche – alles dreht sich ums Meer.
Am Sporthafen

Am Abend

An all den Bars und Cafés am Boulevard Front de Mer und rund um den Sporthafen kommen Ausgehfreudige im sommerlichen Royan schwerlich vorbei. Außerdem:

Casino Royan-Pontaillac
Geldspielautomaten, Roulette und Black Jack. Mit Diskothek Le Tropicana.
Avenue de Pontaillac

Palais des Congrès
Veranstaltungen jedweder Art im Kongreßzentrum, ob Theater oder Tanzgalas.
Façade de Foncillon
Tel. 05 46 23 86 73

Service

Auskunft

Office de Tourisme
Rond Point de la Poste
17208 Royan
Tel. 05 46 05 04 71
Fax 05 46 06 67 76

Bootsausflüge
Meerespromenaden, Ausfahrt zum Fischfang, vierstündige Touren zum Phare de Cordouan (→ Ausflugsziele, S. 57).
Ab dem Sporthafen
Preis 150 FF, Kinder 100 FF

Busse
Regionalbusse (z. B. nach Saintes, Meschers-sur-Gironde, Pons) ab dem Cours de l'Europe.
Tel. 05 46 05 03 81

Fähre
Ganzjährig über die Gironde-Mündung (Royan-Le Verdon und umgekehrt) ab Fährablegestelle (**bac**) am Hafen. Preisbeispiele: Auto 117 FF, Minibusse 188 FF, Fahrräder 15 FF, pro Person 15 FF.
Ende Juni–Ende Aug. erste Abfahrt ab Royan 7.30, letzte 1.30 Uhr; 30-Minuten-Rhythmus

Zugverbindungen
Bahnhof an der Place de la Gare, Tel. 05 46 05 20 10. Verbindungsachse Saintes-Cognac-Angoulême (ab dort weiter im TGV nach Paris oder Bordeaux).

Ausflugsziele

Côte Sauvage und Phare de la Coubre ■ C4

Es braust und stürmt an der wilden Küste. Gefährlich tost die Brandung, und der salzige Wind pfeift durch die Dünenhalme. Das rauhe Gesicht der Atlantikküste zeigt sich rund 20 Straßenkilometer nordwestlich von Royan an der Côte Sauvage. Auf einer waldreichen Landzunge stellt sich der rotweiße **Phare de la Coubre** allen Wetterunbilden entgegen. Man kann den 64 m hohen Leuchtturm besteigen; sein Licht strahlt bis zu 80 km weit.

Das Baden an der Côte Sauvage ist zu gefährlich. Indes kommen Naturliebhaber bei endlosen Strandspaziergängen auf ihre Kosten. Schöne Campingplätze in Kiefernwäldern zwischen Ronce-les-Bains und La Palmyre.

Meschers-sur-Gironde ■ C5

Dort, wo sich das klare Wasser des Atlantik mit dem braunen Strom der Gironde vereint, liegt dieses Ferien-, Hafen- und Höhlenörtchen. Zwischen den Steilklippen eröffnen sich die Strandabschnitte der Plage des Nonnes, Plage des Vergnes, Plage de l'Arnèche, Plage de Suzac und der Conche de Cadet. Campingfreunden stehen gleich mehrere Plätze nahe der Strände zur Verfügung. In Meschers kann man die Grotten Matata und Régulus besichtigen.
Ab Royan knapp zehn km südöstlich (D 25, D 145)

La Palmyre ■ C4

Ausgedehnter Kiefernforst, Strände und ein malerischer kleiner Hafen. Man staune – das sind nicht die Hauptanziehungspunkte des Ferienörtchens La Palmyre. Die eigentliche Attraktion liegt am Ortsrand Richtung Royan und fügt sich ein ins Grün des Umlands: der **Zoo**, Heimstatt von mittlerweile 1600 Tieren. Zunächst sieht man nur noch Rosa. Flamingos begrüßen die Besucher. Dann folgen Löwen, Affen, Bären, Giraffen, Elefanten und viele weitere Arten in einem Areal von 14 ha.

Ein Ausflug ins rund 15 km nordwestlich von Royan gelegene La Palmyre läßt sich gut mit Côte Sau-

vage und Phare de la Coubre verbinden.
Eintritt in den Zoo 60 FF, Kinder 40 FF
Tgl. 9–12 und 14–18 Uhr,
April–Sept. 9–19 Uhr

Phare de Cordouan ■ C 4

Frankreichs ältester – und für viele schönster – Leuchtturm ruht auf Felsenplattformen. Elf km ist er Royan vorgelagert und demzufolge nur auf dem Seeweg zu erreichen; Exkursionen ab dem Hafen. Bereits im 14. Jh. ließ Eduard, Prinz von Wales (»Der schwarze Prinz«) und seinerzeit Herzog von Aquitanien, den Phare de Cordouan befestigen. Im 19. Jh. wurde das mit einer Höhe von knapp 68 m majestätisch wirkende Monument ausgebaut (schöne Aussicht).

Talmont ■ D 5

Tief ins trübe Wasser der Gironde hinein schieben sich die Festungsmauern von Talmont, über denen die romanische Pfarrkirche **Ste-Radegonde** thront. Nur zu Fuß kann man das verwinkelte Dörfchen mit den engen Gassen und seinem bauchigen Gotteshaus besuchen; Parkplatz am Ortseingang.

Ins Auge stechen all die Rosenstöcke vor weißgetünchten Mauern und die efeuumrankten Häuser.
Die Anlage der Radegonde-Kirche im 12. Jh. geht auf die Benediktiner von St-Jean-d'Angély zurück. Bemerkenswert sind die kleinen Arkaden und die filigranen Steinmetzarbeiten an den Außenmauern; vom Kirchplateau aus schöne Ausblicke. Schräg gegenüber der Kirche liegt das Heimatmuseum (**Musée de Talmont**).

Das gesamte Dorf steht unter Denkmalschutz; zur Bucht von Caillaud hin öffnet sich der kleine Hafen.
Ab Royan ca. 15 km südöstlich
(D 25, D 145)

Die romanische Kirche Ste-Radegonde prägt den Ort Talmont an der Gironde

Saintes

■ D4

Saintes – die Heiligen. Der Name ist (Besuchs-)Programm. Aus dem Stadtbild ragen die Türme der Wallfahrtskirche St-Eutrope und der noch bekannteren Abbaye aux Dames hervor.

Baudenkmäler aus Mittelalter und Antike

Geoffroy Martel, Graf des Anjou, und seine Gattin Agnès de Bourgogne waren es, die 1047 jenen ersten Frauenkonvent der Saintonge errichten ließen und den Benediktinerinnen übergaben. Bis zur Französischen Revolution stand das Kloster – trotz mehrerer Brandkatastrophen – in seiner Blüte, vor allem unter den Äbtissinnen Agnès de Barbezieux (1134–1174), Françoise de La Rochefoucauld (1557–1606) und Françoise II. de Foix (1606–1666). Nicht nur das Mittelalter, auch die Antike ist in Saintes präsent. **Amphitheater, Germanicus-Bogen** und Reste von **Thermen** stehen als steinerne Zeugen der vergangenen römischen Vorherrschaft, als Saintes noch Mediolanum Santonum hieß. Später stieg das früh christianisierte Saintes zur Bischofsstadt und zu einer wichtigen Pilgerstation am Jakobsweg nach Santiago de Compostela auf.

Die 26 000-Einwohner-Stadt am Unterlauf der Charente liegt in einem fruchtbaren, grünen Tal und ist ein wichtiges landwirtschaftliches Marktzentrum. Im Vergleich zu den Küstenstädten geht's hier beschaulich zu. Lohnende Ausflüge führen nach **Fenioux** sowie hinein in die reichen **Weingärten der Charente** Richtung Cognac und Angoulême.

Über 2000 Jahre Geschichte in Saintes: Amphitheater und Eutrope-Kirche

Hotels und andere Unterkünfte

De France
Gepflegter Charme. Mit Terrasse und Zwei-Sterne-Restaurant Le Chalet.
Place de la Gare
Tel. 05 46 93 01 16
Fax 05 46 74 37 90
25 Zimmer
Untere/Mittlere Preisklasse

Des Messageries
Zwei-Sterne-Kleinod in der ehemaligen Poststation. Ruhige Zimmer. Zentral, Garage.
Rue des Messageries
Tel. 05 46 93 64 99
Fax 05 46 92 14 34
35 Zimmer
Untere/Mittlere Preisklasse

Relais du Bois St-Georges
Traumhaft eingebettet in einen sieben ha großen Park. Beheizter Pool, Terrasse. Mit Restaurant.
Cours Genêt
Tel. 05 46 93 50 99
Fax 05 46 93 34 93
30 Zimmer
Obere Preisklasse/Luxusklasse

Camping Au Fil de l'Eau
Drei-Sterne-Platz nahe der Charente.
6, rue de Courbiac
Tel. 05 46/93 08 00
Mitte Mai–Mitte Sept.

Spaziergang

Von der Touristeninformation aus geht man abwärts Richtung Charente auf dem Cours National, läßt linker Hand den **Justizpalast** liegen, biegt rechts ein in die typisch kleinstädtische Fußgängerzone (Rue d`Alsace Lorraine). Dann links in die Rue Victor Hugo und rechts hinein in die Rue St-Michel. Diese bis zum Ende und auf die Place du Synode, die beherrscht wird von der in den Religionskriegen mehrfach attackierten und deshalb nie vollendeten romanisch-gotischen **Cathédrale St-Pierre**. An der Seitenfront des Gotteshauses setzt man den Spaziergang auf der Rue St-Pierre fort, gelangt ans Ufer der Charente, überquert das stille Flüßchen über die Fußgängerbrücke und geht den Grünzonen des **Jardin Public** entgegen. Hinter der Brücke links und auf die römischen Säulen- und Kapitellreste des **Archäologischen Museums** zu sowie auf den freistehenden Bogen **Arc de Germanicus**.

Durchschreitet man das Germanicus-Tor an der Place Bassompierre, erreicht man geradewegs die Rue Arc de Triomphe und geht bis zur Place St-Pallais, an der man rechter Hand durch ein Portal zum Höhepunkt eines Saintes-Besuches gelangt: zur **Abbaye aux Dames**.

Nach dem Besuch der Abteianlagen ein Stück zurück durch die Rue Arc de Triomphe, dann an der Place de la Prison rechts in die Rue Ste-Claire, diese bis zum Ende und links hinein in die Avenue Gambetta. Von dort aus über die Charentebrücke Pont B. Palissy geradeaus auf dem Cours National hoch zum Ausgangspunkt Touristeninformation.
Dauer: mindestens eine Stunde

Sehenswertes

Abbaye aux Dames
In die Mitte des 11. Jh. reicht die Geschichte der Benediktinerinnen-Abtei zurück. Romanische Elemente haben sich an der Abteikirche Notre-Dame erhalten, die durch ihre reichverzierte Fassade und den kegelförmigen Glockenturm beeindruckt. Im Klosterkomplex findet man Ausstellungsräume zur Geschichte der Abtei sowie einen Aufgang zum Glockenturm (lohnende Blicke).
Place de l'Abbaye

Arc de Germanicus
Römischer Bogen, errichtet in den Jahren 18/19 nach der Zeitenwende zu Ehren des Feldherrn Germanicus (15 v.–19 n. Chr.). Mitte des 19. Jh. vor dem Abriß bewahrt und an den Ufern der Charente neu errichtet.

Arènes
Römisches Ruinenareal mit einem sehenswerten Amphitheater (1. Jh. n. Chr.), das seinerzeit 20 000 Zuschauer faßte. Vom oberen Rundlauf aus gute Ausblicke auf die Kirche St-Eutrope.
Amphitheater in der Rue Lacurie
Im Sommer tgl. 9–20, im Winter 9–18 Uhr

Eglise St-Eutrope
Wallfahrtskirche der Jakobspilger mit Ursprüngen im 11. Jh. (erweitert im 15. Jh.). Von den Benediktinern errichtet zu Ehren des Stadtheiligen Eutrope, dessen sterbliche Überreste in der Krypta ruhen.
Rue St-Eutrope

Museen

Nach letztem Stand ist der Eintritt in alle folgenden Museen frei.

Musée Archéologique
Zurück in gallo-römische Zeiten: Säulen, Kapitelle und Tonkrüge in zwei Ausstellungskomplexen.
Esplanade André Malraux
Tgl. außer Mo 10–12 und 14–17.30, im Sommer bis 18 Uhr; So erst ab 15 Uhr

Musée des Beaux-Arts
Im ehemaligen Präsidialhaus mit flämischen, niederländischen und französischen Meistern. Ein Saal stellt die Saintonge-Keramik des 14. bis 19. Jh. in den Mittelpunkt.
Rue Victor Hugo
Tgl. außer Di 10–12 und 14–17.30, im Sommer bis 18 Uhr; So ab 15 Uhr

Musée Dupuy-Mestreau
Heimatmuseum in einem Palais aus dem 18. Jh.
Rue Monconseil

Die Abbaye aux Dames beherbergt die städtische Musikakademie

Führungen tgl. außer Mo und Di 14–17 Uhr, im Sommer tgl. außer Mo 14.30–18.30 Uhr

Essen und Trinken

La Ciboulette
Meeresfrüchte und regionale Gerichte in äußerst geschmackvollem Rahmen.
36, rue du Pérat
Tel. 05 46 74 07 36
Mittlere Preisklasse

Le Jardin du Rempart
Gegrillte Ente. Salat mit Crevetten und Jakobsmuscheln ist Empfehlung des Küchenchefs.
36, rue du Rempart
Tel. 05 46 93 37 66
Untere/Mittlere Preisklasse

Le Minaret
Gepflegtes Ambiente in marokkanischem Stil mit **couscous** und dem Eintopfgericht **tagines**.
78, rue Arc de Triomphe
Tel. 05 46 92 19 89
Di geschl.
Untere/Mittlere Preisklasse

Le Pistou
Freundlich. Meeresfrüchte werden drinnen und draußen serviert. Verlockende Dessertauswahl.
3, place du Théâtre
Tel. 05 46 74 47 53
So geschl.
Untere/Mittlere Preisklasse

La Rôtisserie de François
Fisch- und Fleischgerichte in gediegener Atmosphäre. Gegrillter Lachs und Rindsrippchenplatte für zwei Personen.
Rue des Messageries
Tel. 05 46 94 15 01
So abends und Mo geschl.
Mittlere Preisklasse

Einkaufen

L'Arène du Gourmet
Pineau in Flaschen, aber auch als Pralinen im Schokoladenmantel. Nicht billig.
11, rue d`Alsace-Lorraine

Marchés
Wochenmärkte Di und Fr an der Place du 11 Novembre, Mi und Sa an der Place St-Pierre, Do und So an der Avenue Gambetta.

Nicolas
Reiche Auswahl an Wein und ausgefallenen Biersorten.
62, rue d`Alsace-Lorraine

La Vannerie de Saintes
Typische Korbflechtwaren aus der Region, z. B. Einkaufs-, Wein- und Blumenkörbe.
17, rue St-Michel

Am Abend

Ausgehmöglichkeiten im Vergleich zu den Küstenstädten auf Sparflamme. Beliebte abendliche Treffpunkte sind **Le Point Central** (63, cours National) und die Pianobar **Le Vaudeville** (13, quai de la République). Auch rund um die Place du Théâtre kann man einen trinken gehen. Für Kulturbeflissene: gelegentlich **Konzerte** in der Abteikirche und im benachbarten Konservatorium (Informationen über das Touristenbüro).

Service

Auskunft

Office de Tourisme
62, cours National
17103 Saintes
Tel. 05 46 74 23 82
Fax 05 46 92 17 01

Busse
Busstation am Cours Reverseaux; Tel. 05 46 97 52 01. Verbindungen u.a. nach Royan.

Zugverbindungen
Bahnhof an der Place Pierre-Sémard; Tel. 05 46 92 04 19. Verbindungen nach Niort (ab dort TGV nach Paris), La Rochelle, Rochefort, Bordeaux und Nantes.

Ausflugsziele

Angoulême ■ E 4/F 4

Eine Silhouette aus Kirchtürmen auf einem Felsplateau hoch über der Charente: So kündigt sich die mittelalterliche Festungsstadt aus der Ferne an. Unter den Gotteshäusern Angoulêmes sticht die im 12. Jh. erbaute romanische **Cathédrale St-Pierre** mit ihrem skulpturenreichen Fassadenwerk hervor. Weiterhin sehenswert: die Stadtwälle (**remparts**) und das im einstigen gräflichen Palais untergebrachte Rathaus. In der kulturell bedeutsamen Stadt, Geburtsort der Margarete von Angoulême (später Königin Margarete von Navarra; 1492–1549), sind mehrere Museen zu beachten: **Musée des Beaux-Arts** (Museum der Schönen Künste; Gemäldesammlung, Kunst aus Afrika und Ozeanien; 1, rue Friedland), **Musée du Papier** (Papiermuseum; 134, rue de Bordeaux) und der **Centre National de la Bande Dessinée et de l'Image** (Comics-Museum; 121, rue de Bordeaux).

Angoulême ist nicht nur eine nette Einkaufsstadt (Markthallen, Fußgängerzone), sondern auch eine bekannte Drehscheibe für Zugreisende (TGV nach Paris) und Autofahrer (Landstraßenachse Poitiers-Bordeaux). Ausgehfreudige und Stimmungsgenießer treibt es zu den Bistros, Pubs und Restaurants im Bereich der Rue des 3 Notre-Dame und der Rue Massillon.
Anfahrt ab Saintes über die N 141, 68 km

Service

Auskunft

Office du Tourisme
2, place St-Pierre
16007 Angoulême
Tel. 05 45 95 16 84
Fax 05 45 95 91 76

DER BESONDERE TIP

Bevor man ihn aus dem Schwenker kostet, hat er in Eichenfässern eine Reife von mindestens drei Jahren hinter sich: der **Cognac**. Das aus Weinen der Charente gebrannte **eau de vie** ist seit dem 17. Jh. bekannt. In und um die Stadt Cognac sind weltbekannte Kellereien ansässig und bieten Besuchern Streifzüge durch ihre hochprozentige Welt an. Originell: Vor der Tour durch den landesweit größten Lagerkeller für Cognacfässer wird man bei Rémy Martin mit einem Minizug (Petit Train) durch die Weinberge geschaukelt.

Cognac ■ E 4

Ein Leben vom Cognac und für den Cognac: In und um Cognac herum haben drei von vier Arbeitnehmern irgendwie irgendwas mit dem edlen Tropfen zu tun. Kleine und große Produzenten buhlen in der 20 000-Einwohner-Stadt um die Gunst der Kunden, locken mit Proben und Touren durch die Lager (**chais**), die man auf keinen Fall auslassen sollte. Da riecht man den würzigen Duft des Weinbrands an den Flaschenabfüllanlagen, da sieht man die alten Eichenfässer, da erfährt man vom Export in über 150 Länder. Und vom jährlichen Verdunsten mehrerer Millionen Liter – der Anteil der Engel, so will es der Volksmund.

Abrunden kann man den Besuch mit einem Bummel durch die **Altstadt**: von der Place François 1er durch die Rue d'Angoulême bis zur **Eglise St-Léger** und durch die verwinkelten Gassen bis hinunter an die Charente.
Anfahrt ab Saintes über die N 141, 26 km

Service

Auskunft

Office du Tourisme
16, rue du XIV Juillet
16100 Cognac
Tel. 05 45 82 10 71
Fax 05 45 82 34 47

Cognac-Touren
Zu den großen Cognacproduzenten, die Touren anbieten, gehören u. a. folgende:

Hennessy
Produktion seit 1765. Das Besondere ist das Küfereimuseum (Musée de la Tonnellerie), das mit der Kunst der Faßherstellung vertraut macht.
Rue de la Richonne
Tel. 05 45 35 72 68
Juni–Sept. tgl. außer So 9–17.30 Uhr, Okt.–Mai Mo–Fr 8.30–11 und 13.45–16.30 Uhr

Martell
Das älteste Haus, seit 1715. Videofilme zwischen Lagerfässern.
Place Edouard Martell
Tel. 05 45 36 33 18
Juli und Aug. Mo–Fr 9.30–17, Sa und So 10–16.15 Uhr, Juni und Sept. Mo–Fr 9.30–11 und 13.30–17 Uhr, Okt.–Mai Mo–Do ab 14 Uhr

Rémy Martin
Mit Erlebnisbähnchen von Mitte April–Mitte Okt.
Domaine de Merpins, ca. fünf km außerhalb Richtung Pons (D 732)
Tel. 05 45 35 76 66
Juli–Mitte Sept. tgl. 10–17.30 Uhr, ansonsten Mo–Sa 9.45–11.15 und 13.30–17.15 Uhr
Eintritt 20 FF

Fenioux ■ D 4

Aus ein paar Dutzend Dörflern und zwei interessanten Bauwerken setzt sich das von Weingärten und sanften Hügeln umgebene Fenioux zusammen. Die beiden spitzen Türme der **Kirche** (9.–12. Jh.) und der **Totenlaterne** (12. Jh.) dominieren den Ort. An dem Gotteshaus verdienen die romanischen Haupt- und Seitenportale Beachtung, an dem rund zehn m hohen Totenmal das doppelte Säulenrund. Der gedämpfte Lärm der nahen Autobahnachse Paris-Bordeaux trübt die dörfliche Stille.
Knapp 20 km nördlich von Saintes, Anfahrt über St-Hilaire-de-Villefranche und Grandjean

Wer die Leichtigkeit des Seins in der Sommerzeit spüren will, fährt nach Arcachon. Kultur- und Weinliebhaber zieht es nach Bordeaux.

Von der Sonne und den milden Atlantikwinden verwöhnt wird das Weinbaugebiet von Bordeaux (**Le Vignoble de Bordeaux**), das eine Rebfläche von mehr als 100 000 Hektar einnimmt und Großgebiete wie **Entre-Deux-Mers** und **Médoc** umfaßt. Inmitten der Weingärten am Unterlauf der Dordogne gelegen ist das Festungsörtchen **St-Emilion**, ein Höhepunkt der Region.

An **Bordeaux**, Südwestfrankreichs größter Stadt, führt so schnell kein Weg vorbei. Alle wichtigen Straßen-, Bahn- und Luftwegachsen führen über die Kultur-, Kongreß-, Industrie- und Weinmetropole.

Kiefernwälder und herrliche weite Sandstrände eröffnen sich an der **Côte des Landes** bei **Lacanau-Océan** und ziehen sich bis hinauf zur Gironde-Mündung. Vom Meer und den Stränden geprägt ist auch das moderne, lebhafte Seebad **Arcachon**, dem es allerdings an bedeutsamer historischer Substanz mangelt. Naturliebhaber kommen nahe Arcachon rund um das Örtchen Le Teich auf ihre Kosten.

Nur wenige Kilometer hinter der Atlantikküste liegt der Lac de Lacanau

Arcachon

■ C 6/C 7

In doppelter Hinsicht geteilt ist Arcachon. Da gibt es die zweckmäßige »Sommerstadt« an der Bucht (**Bassin d'Arcachon**) und die landeinwärts im Grün gelegene »Winterstadt« mit kunstvoll gestalteten Chaletfassaden. Und da erreicht die Einwohnerzahl in den kühleren Monaten nicht einmal 12 000, während sie in der Sommersaison auf über 60 000 schnellt. Insgesamt herrscht ein modernes Gepräge in dem erst Mitte des 19. Jahrhunderts entstandenen Seebad.

Die Strände (Plage d'Eyrac, Plage d'Arcachon, Plage Pereire, Plage des Abatilles, Plage du Moulleau) öffnen sich zum Bassin hin, ein rund 15 000 Hektar umfassendes Meeresbecken mit schmalem Auslauf in den Atlantik. Bei Ebbe ist vielerorts wirklich Ebbe, und Boote liegen auf dem Trockenen. Austernzucht und Fischfang stehen rund um Arcachon in der regionalen Wirtschaft obenan – hinter der Devisenquelle Fremdenverkehr. Überall sieht man Ferienwohnkomplexe und Villen, warten im Sommer unzählige Hotels, Restaurants, Bars, Brasserien und Campingplätze auf die Besucher. Auf den Flaniermeilen längs der Strände regiert dann das Sehen und Gesehenwerden.

Arcachon ist idealer Ausgangspunkt für Ausflüge rund um das Bassin (Cap Ferret, Le Teich) und an die weiten Sandstrände im Süden (→ Routen und Touren, S. 115). Die Bucht ist Heimstatt von über 250 Vogelarten, ob Seeschwalben, Enten oder Reiher. Ebenso auffällig sind viele Hütten, die auf robusten Stelzen aus dem Wasser ragen.

Das belebte Arcachon lockt mit Stränden und Cafés

Hotels und andere Unterkünfte

Arc
→ Der Besondere Tip, S. 15

Le Gascogne
Saubere Zimmer ohne Glanz. Zentral. Ein Katzensprung zum prallen Leben.
79, cours Héricart de Thury
Tel. 05 56 83 42 52
Fax 05 56 83 15 55
32 Zimmer
Untere/Mittlere Preisklasse

Le Provence
Einfach. Zur Straßenseite hin nicht gerade leise, aber noch eines der billigsten.
106, boulevard de la Plage
Tel. 05 56 83 10 78
8 Zimmer
Untere Preisklasse

Richelieu
Im Herzen der belebten Zone mit allen Vor- und Nachteilen. Parkplatz.
185, boulevard de la Plage
Tel. 05 56 83 16 50
Fax 05 56 83 47 78
Geöffnet nur Mitte März–Anf. Nov.
45 Zimmer
Mittlere/Obere Preisklasse

Les Vagues
Etwa 1,5 km außerhalb der City. Großer Blockbau über der Plage Pereire. Über die Hälfte der Zimmer mit Meerblick.
9, boulevard de l'Océan
Tel. 05 56 83 03 75
Fax 05 56 83 77 16
30 Zimmer
Mittlere/Obere Preisklasse

Camping Club d'Arcachon
Ganzjährig geöffnet. Etwa zwei km außerhalb der Innenstadt.
1, allée de la Galaxie
Tel. 05 56 83 24 15

Spaziergang

Eine Runde durch Arcachon (ca. 45 Minuten) beginnt man am besten an der **Place Roosevelt**. Von da aus durch die Avenue Gambetta mit ihren Geschäftszeilen und Cafés bis zum Boulevard de la Plage. Dort rechts und hinter dem schloßähnlichen **Casino** links in die Rue Jolyet, die auf die Place Peyneau und an die Strandlinie leitet. Wendet man sich nach links, kann man genüßlich auf dem Boulevard Veyrier Montagnères und – später – dem Boulevard Gounouilhou flanieren. Hier riecht es nach Crêpes und gegrilltem Fisch, nach Parfum und Anmache. Zwischen die Strandabschnitte schieben sich zwei große Molen, ab denen Boote zu Rundtouren um die Vogelinsel und hinüber nach Cap Ferret starten.

Schaut man bei der Flanierparade nach links, fällt der Blick auf das moderne Kongreßzentrum, zahlreiche Terrassenrestaurants, vereinzelte Hotels und all die Blöcke aus Ferienwohnungen, mit denen man die Strandlinie großflächig zubetoniert hat. Am Ende des Boulevard Gounouilhou geht man an einer T-Gabelung nach links durch die Rue Sensevin (rechts führt eine Gasse auf einen weiteren Steg mit guter Aussicht auf das Bassin d'Arcachon) und nach einem Block rechts auf den Boulevard de la Plage. Diesem folgt man durch ein kleines Ferienhausgebiet bis zur Allée de la Chapelle. Dort links hinauf zur **Basilique Notre-Dame** und durch den Cours Lamarque zurück Richtung Innenstadt. Dabei passiert man die nette Place Lucien de Gracia mit dem **Hôtel de Ville**, dessen Vorbau auf vier großen Säulen ruht. Ab dem Platz weiter geradeaus bis zur Avenue Gambetta, rechts und bis zum Ausgangspunkt Place Roosevelt.

Sehenswertes

Basilique Notre-Dame
Ursprünglich stand an dieser Stelle eine vom Franziskanerbruder Thomas Illyricus im 16. Jh. errichtete Kapelle, in der ein Wunderbild der Jungfrau verehrt wurde. 1722 dann der Neubau eines kleinen einsamen Gotteshauses, das man die »Kapelle der Seefahrer« (Chapelle des Marins) nannte. Rund um die Pilgerkapelle entstand zwischen 1856 und 1861 die moderne Basilika. Sehenswert ist die Kapelle mit einem Bildnis der Notre-Dame sowie Dankestafeln und sogar alten Schwimmringen von geretteten Seeleuten.

Museen

Aquarium Tropical
Kleines Aquarium mit tropischen Fischen, untergebracht im Maison des Jeunes.
8, allée José María de Hérédia
Tgl. außer So und feiertags 14–18 Uhr
Eintritt 13 FF, Kinder 8 FF

Maison de l'Huître
Informationen rund um die Austern und die Zuchttechnik im Bassin d'Arcachon.
Port de Larros in Gujan-Mestras
Mai–Juni Sa und So 15–18 Uhr, Juli–Aug. tgl. 15–18 Uhr
Eintritt 15 FF

Musée Aquarium d'Arcachon
Hier ist die regionale Meeresflora und -fauna präsent, vom Seepferdchen bis zur Schildkröte, vom Kraken bis zur Seeanemone.
2, rue de Jolyet
Juni–Aug. tgl. 9.30–12.30 und 14–20 Uhr, Ende März–Mai und Sept.–Mitte Nov. tgl. 10–12.30 und 14–19 Uhr
Eintritt 22 FF, Kinder 14 FF

Musée de la Maquette Marine
Hunderte von Bootsmodellen. Im »Hafen« liegt ein »Supertanker«, im Original 750 000 Tonnen schwer.
19, boulevard du Général Leclerc
April–Juni und Sept.–Okt. tgl. außer Di 14–18 Uhr, Juli–Aug. tgl. 10–12.30 und 15–19 Uhr
Eintritt 20 FF, Kinder 15 FF

Essen und Trinken

Was bei den Hotels auffällt, gilt auch bei den Restaurants: ein höheres Preisniveau als andernorts.

Le Cabestan
Gegrillte Seezunge, Meeresfrüchte und Bouillabaisse für zwei Personen. Einladender Stil.
6, av. du Général de Gaulle
Tel. 05 56 83 18 62
Mo geschl.
Mittlere/Obere Preisklasse

Chez Le Père Boron
Verlockendes Büffet mit Meeresfrüchten. Ansonsten sollte man die **langoustines** kosten.
163, boulevard de la Plage
Tel. 05 56 83 29 96
Okt.–Mai Mo geschl.
Mittlere/Obere Preisklasse

Chez Pierre
Den »Super-Meeresfrüchteteller« auf der Terrasse und mit Blick auf den Strand oder drinnen bei Kerzenlicht. Häufig Massenbetrieb.
1, boulevard Veyrier Montagnères
Tel. 05 56 22 52 94
Mittlere Preisklasse

L'Ecailler Diego Plage
Mit Terrasse, sehr schön abends im Schein der kleinen Laternen. Meeresfrüchte, was sonst?
Boulevard Veyrier Montagnères
Tel. 05 56 83 84 46
Mittlere/Obere Preisklasse

Mouina
Ein Stückchen Marokko in Arcachon, geschmackvoll dekoriert. Lammfleisch, Couscous, Grillteller.
43, cours Héricart de Thury
Tel. 05 56 83 76 03
Untere/Mittlere Preisklasse

L'Ombrière
Ente, Seezunge und Tournedos in gepflegtem Ambiente. In einem Trakt neben dem Hotel Gascogne.
79, cours Héricart de Thury
Tel. 05 56 83 42 52
Mittlere/Obere Preisklasse

Einkaufen

Arcachon-Plage
Strandartikel aller Art. Hier kann man den Nachwuchs für das **pêche à pied** ausrüsten.
222, boulevard de la Plage.

Boutique Landaise
Vom Spargel aus den Landes bis zu Konfitüre, Weinessig und Einmachgläsern mit Entenschmalz.
Ecke Avenue Gambetta/Avenue Lamartine

Deco Art
Zimmerkaskaden, Krüge und Vasen in poppigen Designs.
7, avenue Gambetta

Marché Municipal
Wochenmarkt mit Obst, Gemüse, Meeresfrüchten. Wirkt etwas steril.
Tgl. 8–13 Uhr
Hinter dem Hôtel de Ville an der Rue Roger Expert

Am Abend

Wer wissen will, was, wo, wann an Veranstaltungen los ist, sollte sich in der Touristeninformation die monatlich publizierten Faltblätter **Programme des Animations** holen.

Brasserie Victoria
Eis, Crêpes und kühle Drinks in Korbstühlchen.
26, boulevard Veyrier Montagnères

Le Café de la Plage
Cocktails und Crêpes in der Bar oder auf der Terrasse.
Place Peyneau

Casino de la Plage
Geldspielautomaten, Roulette, Black Jack. Außerdem: Restaurant und Discothèque du Casino.
163, boulevard de la Plage
Eintritt 70 FF

Le New Dream
Zentrale Disco mit sommerlichem Hochbetrieb. Publikum: jung bis sehr jung.
177, boulevard de la Plage

Service

Auskunft

Office de Tourisme
Esplanade Georges Pompidou
33311 Arcachon
Tel. 05 56 83 01 69
Fax 05 57 52 22 10

Boote
Von den Stegen vor der Place Peyneau und der Place Thiers starten im Sommer Bootsausflüge um die Vogelinsel und hinüber nach Cap Ferret (30 Min.).

Busse
Informationen zu Regionalbussen:
47, boulevard du Général Leclerc
Tel. 05 56 83 07 60

Zugverbindungen
Bahnhof relativ zentral am Boulevard du Général Leclerc (Tel. 05 56 91 11 11). Zahlreiche Züge tgl. nach Bordeaux.

Ausflugsziele

Cap Ferret ■ C 7

Kiefernwälder und Ferienvillen prägen das Gebiet rund um die Westflanke des Bassin d'Arcachon (zwischen Lège-Cap-Ferret und Cap Ferret). Im tiefen Süden einer immer schmaler werdenden Landzunge liegt das Örtchen Cap Ferret, von dem aus sich schöne Blicke über das Becken hinweg bieten bis hinüber zur Düne von Pilat. Cap Ferret ist auch bekannt wegen seines Leuchtturms und der Austernzucht. Anfahrt ab Arcachon etwa 60 km auf der Buchtrandstraße (D 3, D 106) Alternative: ab der Mole vor der Place Thiers in Arcachon im Boot über die Bucht (30 Min.; Hin- und Rückfahrt 45 FF, Kinder 35 FF)

Lacanau-Océan und Lac de Lacanau ■ C 6

Ein herrliches Gebiet aus Kiefern, Dünen und endlos scheinenden Sandstränden erwartet einen rund 60 km nördlich von Arcachon. Und der 2000 ha große Lac Lacanau, der bei Seglern, Schwimmern und Tretbootfahrern gleichermaßen beliebt ist. Der Hauptort am Seeufer heißt **Le Moutchic** (Campingplätze).

Le Moutchic trennen fünf km vom Küstenort Lacanau-Océan, über dessen Promenaden und Strände oft der rauhe Atlantikwind fegt. Ein Paradies für Surfer, Strandspaziergänger und -jogger sowie für Fahrradfahrer, die auf den markierten Dünenwegen geradezu niederländische Verhältnisse vorfinden. Im Sommer sind die Strände des beliebten Familienbadeortes Lacanau-Océan bewacht. Es gibt eine kleine Ausgehzone sowie ein breites Sportangebot (Golf, Reiten, Tennis, Segeln, Surfschule). Nette Örtchen nahe Lacanau-Océan sind **Le Porge-Océan** im Süden und **Carcans-Plage** mit dem **Lac d'Hourtin-Carcans** im Norden.

Service

Auskunft

Office de Tourisme
Place de l'Europe
33680 Lacanau-Océan
Tel. 05 56 03 21 01
Fax 05 56 03 11 89

Le Teich ■ C 7

In Le Teich – rund zwölf km östlich von Arcachon – kann man den Vogelpark (**Parc Ornithologique**) durchstreifen, das Schmetterlingstreibhaus (**La Serre aux Papillons**; → Mit Kindern unterwegs, S. 27) und das Naturkundehaus (**Relais Nature**) besuchen sowie das grüne Mündungsgebiet der Leyre im Kanu oder per pedes erkunden (→ Routen und Touren, S. 115). Den ganzjährig geöffneten Vogelpark mit seinen mehr als 80 Nistarten erreicht man von der Straße zum kleinen Yachthafen aus (Rue du Port).

Le Teich liegt an den nördlichen Ausläufern des **Parc Naturel Régional des Landes de Gascogne**, ein Naturschutzpark, der sich im Küstenhinterland zwischen den Flüssen Adour und Garonne ausbreitet.

Service

Auskunft

Office du Tourisme
Place Pierre Dubernet
33470 Le Teich
Tel. 05 56 22 80 46
Fax 05 56 22 89 65

Bordeaux

■ D6

Eine Stadt der Boulevards und der riesigen toten Plätze, der Industriezentren und Altstadtwinkel. Mal pompös, mal schäbig, mal pittoresk. Eine kontrastreiche, gegensätzliche Stadt mit knapp 650 000 Einwohnern und polyglottem Charakter, die für Araber und Schwarzafrikaner ebenso zur Heimat geworden ist wie für Portugiesen und Spanier.

»Wir sind in Bordeaux angekommen, der Luxus ist enorm«, berichtete Rochefoucauld in seiner »Voyage en France« (1781–1783). Damals, als noch stolze Dreimaster am Flußhafen der Garonne festmachten und stattliche Flotten in die Kolonien ausliefen. Ein reicher Flecken ist das circa 300 v. Chr. von den Kelten im Zuge des Zinnhandels begründete **Burdigala** seit ehedem gewesen. Ab 56 v. Chr. sorgte die römische Herrschaft für einen neuerlichen Aufschwung jenes Handelszentrums, das sich bald schon als Hauptstadt der Provinz Aquitania etablierte. Nach dem Ende der Römerzeit gingen Westgoten, Franken und Merowinger über Bordeaux hinweg, das zwischen 1154 und 1451 zu den französischen Besitzungen Englands zählte.

Die Vielzahl der prachtvollen Alleen, Plätze und Bauten legt Zeugnis ab vom Höhepunkt des Reichtums der so wichtigen Hafenstadt des 18. Jahrhunderts. Von Bedeutung sind heute vor allem der **Weinhandel** und die Vielzahl der Industrien (Elektro-, Flugzeug- und Schiffbau-, Computer-, Papier-, Nahrungs- und Genußmittelbranchen). Rund um **Le Lac** ist ein modernes Ausstellungs- und Messegelände entstanden.

Die Straßencafés auf den vielen Plätzen Bordeaux` vermitteln südliches Flair

Hotels

Bayonne ■ c3
Nette Zimmer. Dekor aus den 30er Jahren. Zimmer zur Gasse sind denen zum verkehrsreichen Cours de l'Intendance hin vorzuziehen.
4, rue Martignac
Tel. 05 56 48 00 88
Fax 05 56 52 03 79
36 Zimmer
Mittlere/Obere Preisklasse

Blayais ■ c3
Ruhig, freundlich, preiswert. Kleine, akzeptable Zimmer.
17, rue Mautrec
Tel. 05 56 48 17 87
Fax 05 56 79 38 34
12 Zimmer
Untere Preisklasse

Dauphin ■ a2
Für Reisende mit Basisansprüchen und wenig Geld.
82, rue du Palais-Gallien
Tel. 05 56 52 24 62
13 Zimmer
Untere Preisklasse

Grand Hôtel Français ■ b4
Geräumige saubere Zimmer mit TV. In altehrwürdigem Stadthaus aus dem 18. Jh.
12, rue du Temple
Tel. 05 56 48 10 35
Fax 05 56 81 76 18
35 Zimmer
Mittlere/Obere Preisklasse

Majestic ■ d3
Vorteilhaft für Autofahrer ist die Garage. Zimmer am besten an der Front zur ruhigen Rue de Condé hin buchen.
2, rue de Condé
Tel. 05 56 52 60 44
Fax 05 56 79 26 70
50 Zimmer
Mittlere Preisklasse

Des Pyrénées ■ d4
Wer einmal die Schäbigkeit der Fassade überwindet, ist angenehm überrascht. Saubere Zimmer, die ruhigsten im vierten Stock.
12, rue Saint-Rémi
Tel. 05 56 81 66 58
19 Zimmer
Untere Preisklasse

Trianon ■ b4
Drei-Sterne-Hotel mit plüschigem Charme. Zentral, in relativ ruhiger Gasse.
5, rue du Temple
Tel. 05 56 48 28 35
Fax 05 56 51 17 81
18 Zimmer
Mittlere Preisklasse

Spaziergang

Start zu einem mindestens zweistündigen Bummel ist das **Monument aux Girondins** an der **Esplanade des Quinconces**. Von dort auf dem Cours du 30 Juillet, vorbei an der Touristeninformation bis zur Place de la Comédie mit der prächtigen Säulenfront des **Grand Théâtre** (Ende 18. Jh.) und der gegenüberliegenden Fassade des Grand Hôtel. Neben dem letztgenannten Bau hinein in die kleine Rue Mautrec bis zum Vorplatz der **Eglise Notre-Dame**; die um 1700 errichtete Dominikanerkirche wirkt heute inmitten der modernen Bauten recht eingezwängt.

Dann durch die Rue Martignac auf den belebten Cours de l'Intendance, dort links bis zum Theatervorplatz und rechts hinein in die Rue Ste-Catherine (Fußgängerzone). An der Place St-Projet rechts in die Rue des 3 Conils und eine Gehminute später links auf die **Tour Pey-Berland**, den Glockenturm der Kathedrale, zu. Wer um die **Cathédrale St-André** herumgeht, blickt nicht

Die Buchstaben-Zahlen-Kombinationen im Text verweisen auf die Planquadrate dieser Karte.

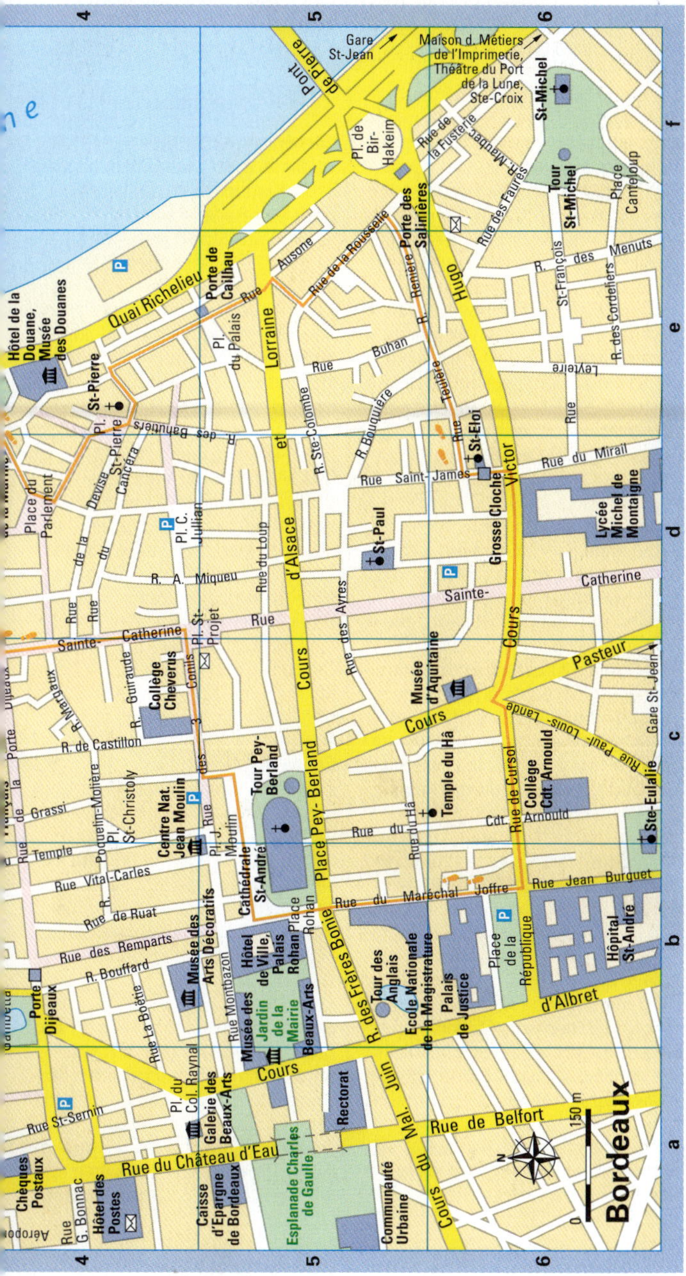
Bordeaux
Gare St-Jean
Pont de Pierre
Maison d. Métiers de l'Imprimerie, Théâtre du Port de la Lune, Ste-Croix
St-Michel
Tour St-Michel
Place Canteloup
Pl. de Bir-Hakeim
Rue de la Fusterie
R. Maubec
Rue des Faures
Porte des Salinières
Quai Richelieu
Hôtel de la Douane, Musée des Douanes
Porte de Cailhau
Pl. du Palais
Rue Ausone
Rue de la Rousselle
R. Renière
R. des Menuts
R. St-François
R. des Cordeliers
Rue Leyteire
Cours Victor Hugo
Cours d'Alsace et Lorraine
Rue Buhan
R. Teulère
R. Bouquière
R. Ste-Colombe
St-Pierre
Pl. St-Pierre
R. des Bahutiers
Rue Saint-James
St-Eloi
Grosse Cloche
Rue du Mirail
Lycée Michel de Montaigne
Place du Parlement
Rue de la Devise
Rue du Cancéra
Pl. C. Jullian
R. A. Miqueu
Rue du Loup
St-Paul
Rue des Ayres
Rue Sainte-Catherine
Pl. St-Projet
Collège Cheverus
R. Guiraude
Rue des Trois Conils
R. Margaux
Porte Dijeaux
R. de Castillon
Rue de la Porte Dijeaux
Rue de Grassi
Rue du Temple
Poquelin-Molière
Pl. St-Christoly
Centre Nat. Jean Moulin
Pl. J. Moulin
Rue Vital-Carles
R. de Ruat
Rue des Remparts
R. Bouffard
Rue La Boëtie
Musée des Arts Décoratifs
Rue Montbazon
Tour Pey-Berland
Cathédrale St-André
Place Pey-Berland
Place Rohan
Hôtel de Ville, Palais Rohan
Musée des Beaux-Arts
Jardin de la Mairie
Musée d'Aquitaine
Cours Pasteur
Rue Paul-Louis-Lande
Gare St-Jean
Temple du Hâ
Rue du Hâ
Rue de Cursol
Collège Cdt. Arnould
Rue Cdt. Arnould
Ste-Eulalie
Rue du Maréchal Joffre
Rue Jean Burguet
Hôpital St-André
R. des Frères Bonie
Tour des Anglais
Ecole Nationale de la Magistrature
Palais de Justice
Place de la République
Cours d'Albret
Cours du Mal. Juin
Rectorat
Pl. du Col. Raynal
Galerie des Beaux-Arts
Rue St-Sernin
Rue du Château d'Eau
Rue de Belfort
Esplanade Charles de Gaulle
Caisse d'Epargne de Bordeaux
Chèques Postaux
Hôtel des Postes
Rue G. Bonnac
Aéroport
Communauté Urbaine
Cours du Maréchal
0
150 m
N
a
b
c
d
e
f
4
5
6

nur auf deren gotische Spitzentürmchen und Stützbögen, sondern auch auf das benachbarte **Hôtel de Ville**, untergebracht im einstigen Bischofspalast (**Palais Rohan** mit großem Vorhof; 18. Jh.). Vom hinteren Kathedralplatz nun in die Rue du Maréchal Joffre bis zur Place de la République mit den säulengestützten Flachbauten des **Hôpital St-André** und des alten **Palais de Justice** (beide 19. Jh.), dann links in die Rue de Cursol, die einige Blocks später in den Cours Victor Hugo übergeht.

Vom Cours Victor Hugo links durch das wehr- und schmuckhaft zugleich wirkende Tor **Grosse Cloche** (16. Jh.) und dahinter rechts in die enge Rue Teulère mit recht heruntergekommenen Fassaden und Hauseingängen. Geradeaus Übergang in die Rue Renière, die auf die Rue de la Rousselle stößt, dort links und bis zum Ende, einen kleinen Knick rechts und über den vielbefahrenen Cours d'Alsace et Lorraine hinweg in die Rue Ausone. Rechter Hand taucht die **Porte de Cailhau** auf, ein 1494 errichtetes Portal. Ab dem Stadttor in die Rue du Chai des Farines, links in die Rue de la Cours des Aides bis zur Place St-Pierre an der **Eglise St-Pierre** (15./16. Jh.), ab dem Platz durch das von Bars und Bistros gesäumte Gäßchen Rue du Parlement bis zu einem weiteren stimmungsvollen Platz mit Freiluftrestaurants, der Place du Parlement. Ab dort in die Rue Philippart, an deren Ende sich die hufeisenförmig angelegte Place de la Bourse mit dem alten Börsengebäude (Mitte 18. Jh.) und dem Brunnen der drei Grazien auftut. Ab dort über den breiten Quai de la Douane hinweg an die Ufer der Garonne. Man geht nach links am Fluß entlang, bis sich das Monument aux Girondins zeigt.

Sehenswertes

Cathédrale St-André ■ c5

Im Jahre 1096 weihte Papst Urban II. die Kathedrale an der heutigen Place Pey-Berland ein. Die Ausmaße des imposanten lichterfüllten Gotteshauses (124x44 m) stehen denen der Notre-Dame in Paris in nichts nach. Zu dem romanisch-gotischen Bauwerk mit seinen skulpturenreichen Portalen gehört der separat stehende Glockenturm Tour Pey-Berland, von dem aus sich gute Blicke bieten (tgl. 10–17 Uhr).

Cité Mondiale du Vin

Mitten hinein gezirkelt in das angestammte Weinhändlerviertel Chartrons hat man den Glasbau dieses »Welt-Weinzentrums« – ein gigantischer Fremdkörper mit Restaurants, Hotel, Kongreßhallen, Weingeschäften und -ausstellung.
Quai des Chartrons
Mo–Fr 8.30–12 und 14.30–18.30 Uhr

Eglise St-Michel ■ f6

Zwischen dem 15. und 16. Jh. errichtete Kirche mit 114 m hohem Glockenturm. Heute im Zentrum des Quartier St-Michel, in dem sich der Vielvölkercharakter Bordeaux' besonders stark bemerkbar macht. Rund um die unter Denkmalschutz stehende Kirche tgl. Flohmarkt (→ Einkaufen).

Grand Théâtre ■ d3

Kulturelles Aushängeschild von Bordeaux mit einer prächtigen Säulenfront und einer Statuenreihe mit neun Musen und drei Göttinnen. Zwischen 1773 und 1780 wurde das große Theater unter dem Architekten Victor Louis in klassizistischem Stil errichtet und dient noch heute als Aufführungsstätte.
Place de la Comédie

Jardin Public ■ b 1/c 1
Ein Kleinod im städtischen Trubel, 1746 angelegt. Mit See und Brückchen, Schwänen und Enten, Wiesen und Kinderspielplatz auf der Ile des Enfants. In der Parkanlage gelangt man sowohl zum **Muséum d'Histoire Naturelle** (→ Museen) als auch zum **Botanischen Garten** mit freiem Zugang zu Palmen und weiteren Arten der einheimischen und exotischen Flora. Eintritt in den Park am besten ab dem Cours de Verdun.

Monument aux Girondins ■ c 2
An die ermordeten Girondisten, jene gemäßigte republikanische Gruppe der Nationalversammlung zu Zeiten der Französischen Revolution, erinnert das Monument, das eine Freiheitsstatue krönt. Davor erstreckt sich zur Garonne hin die **Esplanade des Quinconces**, ein zwölf ha großer Freiplatz. Achten sollte man auf den Unterbau des Girondistendenkmals mit seinen Fontänen und Bronzeskulpturen.

Museen

Musée d'Aquitaine ■ c 6
Geschichte Aquitaniens von der Prähistorie bis heute. Sehr gut angelegter Rundgang, informative Videofilme, überraschende Geräuscheffekte. Ausstellungshefte gegen Leihgebühr an der Information.
20, cours Pasteur
Tgl. außer Mo und an Feiertagen 10–18 Uhr
Eintritt 20 FF, Kinder 10 FF; Mi gratis

Musée d'Art Contemporain ■ d 1
Museum der Zeitgenössischen Kunst in einem restaurierten Lagerhaus. Rauminstallationen.
7, rue Ferrère
Tgl. außer Mo 12–19 Uhr
Eintritt 30 FF; 12–14 Uhr gratis

Musée des Arts Décoratifs ■ b 4
Mobiliar, Keramik und Porzellan aus dem Bordeaux des 18. und 19. Jh.
39, rue Bouffard
Tgl. außer Di 14–18 Uhr
Eintritt 20 FF, Kinder 10 FF; Mi gratis

Ein bedeutendes romanisch-gotisches Bauwerk: Cathédrale St-André

Musée des Beaux-Arts ■ a 5
Wertvolle Gemäldesammlung in zwei Museumsflügeln. Werke von Tizian, Rubens, van Dyck, Matisse und Picasso. Interessant auch Oskar Kokoschkas Bordeauxbild »Eglise Notre-Dame« (1925).
20, cours d'Albret
Tgl. außer Di und an Feiertagen 10–12.30 und 13.30–18 Uhr
Eintritt 20 FF, Kinder 10 FF; Mi gratis

Musée des Chartrons
Kunstvolle Etiketten und edle alte Tropfen im Weinmuseum.
41, rue Borie
Tgl. außer So, Mo und an Feiertagen 10–12.30 und 14–17.30 Uhr
Eintritt 20 FF, Kinder 15 FF

Muséum d'Histoire Naturelle ■ b 1
Naturgeschichtliches Museum im Jardin Public. Zoologische Sammlung, Mineralien, Fossilien.
5, place Bardineau
Tgl. außer Di 14–17.30 Uhr
Eintritt 20 FF, Kinder 10 FF

Fernerhin kann man besuchen: **Centre National Jean Moulin** (Museum der Résistance; Place Jean Moulin), **Maison des Métiers de l'Imprimerie** (Druckereimuseum; 10, rue du Fort-Louis), **Musée des Douanes** (Zollmuseum; 1, place de la Bourse), **Musée Goupil** (Verlagsmuseum; 40–50, cours du Médoc) sowie **Vinorama** (Weinmuseum; 12, cours du Médoc).

Essen und Trinken

Baud & Millet ■ b 2
Hier kann man sich ganz den Gaumenfreuden von Käse und Wein hingeben. Besonders urig speist man im Keller – und muß nicht weit gehen bis zu einem abgetrennten, klimatisierten Räumchen in dem man unter 200 Käsesorten wählen kann.
TOPTEN 3
19, rue Huguerie
Tel. 05 56 79 05 77
So geschl.
Mittlere Preisklasse

DER BESONDERE TIP

Casa de Goya Er war Maler, Lithograph, Radierer – und ein Genie. Aus den Bildern des Francisco José de Goya (1746–1828) erwuchsen bittere soziale Anklagen. Goya war ein Feind jener, die sich – wie Fernando VII. in seinem Spanien – grenzenlose Autorität anmaßten. Deshalb wanderte er 1824 aus und fand in Bordeaux, bis zu seinem Tod am 16. April 1828, eine Bleibe. Seine Adresse: 57, cours de l'Intendance. Heute frißt sich vor dem Haus der Verkehrsbandwurm entlang; eine schlichte Tafel über dem Eingang weist auf die »Casa de Goya«, Goyas Haus. Das bekannteste Werk aus jener Zeit in Frankreich malte er ein Jahr vor seinem Tod: das impressionistisch anmutende »Milchmädchen von Bordeaux«. Goyas sterbliche Überreste wurden 1919 aus der Gruft seines Freundes Martín Miguel de Goicoechea von Bordeaux nach Spanien überführt. Mo–Fr 13.30–17.30 Uhr ■ b 3

Chez Joël D. ■ d 4
Im Austern-Bistro Schalentiere dutzendweise an einfachen Holztischen. Sehr gemütlich, aber nicht für den größten Hunger bestimmt.
13, rue des Piliers-de-Tutelle
Tel. 05 56 52 68 31
Untere Preisklasse

Didier Gélineau ■ d 5
Gourmettempelchen mit Produkten der Region. Betont leichte Zubereitung, selbst bei schweren Speisen wie Enten- und Gänseleber.
26, rue du Pas Saint-Georges
Tel. 05 56 52 84 25
Sa mittags und So geschl.
Mittlere/Obere Preisklasse

La Forge ■ e 4
Klein, aber fein. Zu empfehlen: gegrilltes Entrecôte auf Schalotten-Art.
8, rue du Chai-des-Farines
Tel. 05 56 81 40 98
So und Mo geschl.
Mittlere Preisklasse

La Treille Moscate
Feuertopf mit Ente an kleinen Tischen vor Weinregalen. Familiär; mehr als 60 »crus« zur Auswahl.
10, rue Cicard
Tel. 05 56 01 20 90
Sa abends und So geschl.
Untere/Mittlere Preisklasse

Le Vieux Burdigala ■ e 4
Ordentliche Menüs zu einem ordentlichen Preis.
19, rue des Faussets
Tel. 05 56 44 25 97
So mittags geschl.
Untere/Mittlere Preisklasse

Einkaufen

Maison des Vins
Erst probieren, dann kaufen. Reiche Weinauswahl.
37, rue Esprit-des-Lois

Marchés Biologiques ■ d 4/e 4
Biomärkte unter freiem Himmel: Do 5–17 Uhr rund um die Place St-Pierre und Fr 6.30–13 Uhr rund um die Place Victor Meunier

Marché des Grands Hommes ■ b 3/c 3
Nobles Geschäftsrund in drei Ebenen. Zeitgenössischer Architektur.
Place des Grands Hommes

Marché St-Michel ■ f 6
Wiesenkümmel gefällig, getragene Pelzmäntel, Lebendhühner oder Ledergürtel? Am schönsten ist es auf dem Markt um die Eglise St-Michel samstags zwischen 7 und 13 Uhr. Ansonsten Mo–Fr 8–17 Uhr Floh- und Antiquitätenmarkt (So nur 8–13 Uhr).
Place Canteloup

Saint Michel ■ f 6
Antiqutitäten in einer großen Galerie.
16–17, place Canteloup

La Vinothèque ■ c 3
Rund 200 Crus de Bordeaux zur Auswahl.
8, cours du 30 Juillet

Am Abend

El Bodegon
Beliebtes Rock-Café.
14, place Victoire
Tgl. bis 2 Uhr

Caesar's
Discothek mit flippigem Publikum.
Quai Louis XVIII
Tgl. ab 22 Uhr

Espace Culturel du Pin Galant
Großes Kulturangebot. Konzerte, Theater, Tanz, Oper, Operette.
34, avenue du Maréchal-de-Lattre de-Tassigny
Tel. 05 56 97 00 51

Grand Théâtre ■ d 3
Überwiegend Oper und Ballett im altehrwürdigen Stadttheater.
Place de la Comédie
Tel. 05 56 48 58 54

Théâtre Femina ■ c 3/c 4
Mit Konzert- und Tanzabenden, auch Theaterkomödien, von Molières Zeiten bis heute.
8, rue de Grassi
Tel. 05 56 52 58 84

Théâtre du Port de la Lune
Schauspiel, Konzerte.
3, place Pierre-Renaudel
Tel. 05 56 91 98 00

Le Thélonious
Gelegentlich Jazzkonzerte.
16, rue Bourbon

Tropic
Diskothek mit Afro-Karibik-Ambiente.
43, quai de Brazza
Do–So ab 22 Uhr

Service

Auskunft

Office de Tourisme ■ c 3
12, cours du 30 Juillet
33080 Bordeaux
Tel. 05 56 00 66 00
Fax 05 56 00 66 01

Busse
Citram-Regionalbusse: 8, rue Corneille (Tel. 05 5643 68 43).

Flugverbindungen
Ab dem Flughafen im Vorort Mérignac Verbindungen nach Paris, Brüssel, Frankfurt, Genf, München, Strasbourg (Tel. 05 56 34 50 50). Flughafenbus (**navette**) ab/bis Gare St-Jean und Touristeninformation (33 FF).

Zugverbindungen
Gare St-Jean (rue Charles Domercq; etwa 2,5 km außerhalb der Innenstadt; Tel. 05 56 91 42 42 und 05 56 91 11 11).

Ausdruck reichen Bürgerstolzes: das klassizistische Grand Théâtre

Ausflugsziele

Bazas ■ E 7

Die gotische **Cathédrale St-Jean-Baptiste** (13. Jh.) dominiert das Örtchen; die drei prächtigen Frontportale weisen zur Place de la Cathédrale hin, deren Freifläche als großer Parkplatz genutzt wird und die Schönheit der umliegenden Arkaden verblassen läßt. Neben der Kathedrale gelangt man in den **Jardin du Chapitre** mit überdachten archäologischen Ausgrabungen aus der Eisenzeit und dem Mittelalter.

Ca. 65 km südöstl. von Bordeaux; schnellste Anfahrt über A 62 bis Langon, ab dort auf der D 932. Einen Ausflug nach Bazas kann man gut mit Uzeste, Villandraut, dem Château de Roquetaillade und auch dem Vignoble de Bordeaux kombinieren.

Château de la Brède ■ D 6/D 7

Von Wassergräben umschlossen ist dieses Wehrschloß aus dem 14. Jh. Am 18. Jan. 1689 wurde Montesquieu auf dem Schloß geboren, der sich später als Schriftsteller, Aufklärer und Staatstheoretiker einen Namen machte. Zimmer, Mobiliar und persönliche Gegenstände erinnern an den großen Denker, der hinter den Schloßmauern einen großen Teil seiner Werke verfaßte.
Juli–Sept. tgl. außer Di 14–17.15 Uhr, Ostern–Juni und Okt.–Nov. nur Sa und So nachm.
Etwa 20 km südl. von Bordeaux; schnellste Anfahrt über N 113 Richtung Langon, dann Abzweig La Brède auf der D 108

Château Mouton-Rothschild ■ D 5

Tief hinein ins südlich und westlich der Gironde gelegene Weinbaugebiet **Médoc** (13 500 ha Rebfläche) führt die Fahrt ab Bordeaux. 92 Mio. Flaschen werden pro Jahr abgefüllt. Zu den renommiertesten Produzenten rechnet das Château Mouton-Rothschild bei **Pauillac** (Le Pouyalet). Außer dem Weinlager gibt es eine interessante Sammlung rund um den Wein, die auf die Passion des Barons Philippe de Rothschild (1902–1988) zurückgeht.
Besuche nur nach rechtzeitiger Anmeldung (Tel. 05 56 73 21 29, Fax 05 56 73 21 28) Mo–Do 9.30–11 und 14–16 Uhr, Fr 9.30–11 und 14–15 Uhr

Wer auf der D 2 nach Bordeaux zurückfährt, hat in Lamarque die Möglichkeit, mit einer Fähre über die Gironde zur Zitadellenstadt Blaye überzusetzen.

Château de Roquetaillade ■ E 7

Wie eine Ritterburg aus dem Kinderzimmer wirkt das zwischen dem 12. und 14. Jh. errichtete Château de Roquetaillade. Aus dem Grün der großzügigen Parkanlagen ragen die Rundtürme und der zentrale Festungsturm. Schloßführungen leiten durch die Säle mit ihrem kostbaren Inventar, zu dem ein Renaissancekamin zählt.
Ostern–Nov. tgl. 14.30–18 Uhr, Juli und Aug. 10.30–19 Uhr, im Winter nur nachm. an Sonn- und Feiertagen
Rund 60 km südöstl. von Bordeaux; schnellste Anfahrt über A 62 bis Langon, ab dort Richtung Bazas (D 932), Abzweig auf der D 125

St-Emilion ■ E 6

Weinstöcke laufen auf ein Kalkplateau zu, das einzig aus Türmen, Mauern und ineinander verschachtelten Häusern zu bestehen scheint. So kündigt sich das Festungsörtchen St-Emilion an, das die Besucher mit all den Gassen, Plätzen und geziegelten Dächern in seinen Bann zieht. Hier herrscht ein Ambiente aus Stein und Wein; in den zahlreichen Altstadtbars und -geschäften kann man St-Emilions edlen Rebensaft kosten und kaufen.

Auf dem Besuchsplan sollten die Felsenkirche (**Eglise Monolithe**; 9.–12. Jh.), die Katakomben und die Eremitage-Grotte ebenso stehen wie der Kreuzgang des mittelalterlichen Franziskanerklosters (**Cloître des Cordeliers**) und der aus dem 14. Jh. datierende Kreuzgang der Stiftskirche (**Cloître de l'Eglise Collégiale**). Von den beiden Türmen **Tour du Roy** und **Clocher Monolithe** bieten sich die besten Rundblicke. Im Sommer kann St-Emilion manchem überlaufen vorkommen.

TopTen 5

Rund 35 km östl. von Bordeaux; schnellste Anfahrt über N 89 bis Libourne, dann D 670

Service

Auskunft

Office de Tourisme
Nur ab hier kann man den Kreuzgang der Stiftskirche betreten; Besuche von Felsenkirche, Katakomben und Eremitage-Grotte sind nur im Rahmen von hier startenden Führungen möglich (Gebühr).
Place des Créneaux
33330 St-Emilion
Tel. 05 57 24 72 03
Fax 05 57 74 47 15

Uzeste ■ D 7/E 7

Nicht mehr als ein nichtssagender Durchgangsort wäre Uzeste, erhöbe sich nicht am Dorfplatz die im 14. Jh. errichtete Stiftskirche (**Collégiale d'Uzeste**). Das gotische Gotteshaus beherbergt das Mausoleum des 1314 verstorbenen Papstes Klemens V. Jenes Marmorgrabmal, mittlerweile mit mehrfach gebrochenem Stein, befindet sich direkt hinter dem Altar.
Kirche tgl. 9–19 Uhr
Anfahrt (rund 60 km) ab Bordeaux über Langon und Bazas (A 62, D 932), dort Richtung Villandraut (D 3)

Le Vignoble de Bordeaux ■ E 7

Ein guter Ausgangspunkt für Autofahrer ist das rund 50 km südöstlich von Bordeaux gelegene **Langon**. Ab dort folgt man der Garonne flußabwärts und kommt auf dem Weg zurück nach Bordeaux (D 10; kleine Abstecher ab der Département-Straße) durch folgende Weinbauzonen und Orte: **Verdelais**, **Ste-Croix-du-Mont** (mit Schloß), **Loupiac**, **Cadillac** (Bastidenort; hier beginnen die Premières Côtes de Bordeaux) und **Quinsac**.

Villandraut ■ D 7

Die Silhouette von großen Rundtürmen mit hohlen Fenstern bestimmt das Bild am Ortskern von Villandraut. Sie gehören zum Wehrpalais, das Papst Klemens V. zu Beginn des 14. Jh. in diesem Marktflecken am Flüßchen Ciron errichten ließ.
Juni–Sept. tgl. 9.30–12.30 und 15–19 Uhr, ansonsten nur Sa und So 10–12.30 und 14–17 Uhr
Etwa 60 km südl. von Bordeaux. Anfahrt über Langon (A 62), dann D 8

Eine Landschaft, so rauh und herzlich wie ihre urbaskischen Bewohner. Oft gibt sich der Atlantik wild. Surfer flitzen über die aufgewühlte See.

Wellen peitschen an die schroffe Küste, die sich dann wieder von ihrer lieblichen Seite zeigt. Lange Sandstrände, weite Liegeflächen. Aber Vorsicht: Hier unten am **Golfe de Gascogne** ziehen unberechenbare Strömungen selbst geübte Schwimmer aufs Meer hinaus. Baden sollte man ausschließlich an ausgeflaggten, bewachten Stränden.

Ein großes Plus der Südregion und des Baskenlands ist das Hinterland. Schon wenige Kilometer hinter den wichtigsten Städten **Bayonne** und **Biarritz** locken die typischen baskischen Dörfer und die Höhlen mitten in den **Pyrenäen** – eine andere Welt, nur einen Steinwurf von den Stränden entfernt. Von Gipfeln wie **La Rhune** (Auffahrt mit dem Zahnradbähnchen) bieten sich unvergeßliche Aussichten. Viele typische baskische Restaurants verleiten zu ungewöhnlichen gastronomischen Entdeckungen. Ob Tintenfische in der eigenen Tinte, Aal, Thunfischragout. Als Entrée darf der luftgetrocknete Bayonner Schinken nicht fehlen, als Nachtisch nicht der baskische Kuchen.

Im Baskenland findet man außer Sandstränden auch Felsküsten

Bayonne

■ B 9

Eine lange militärische Vergangenheit zeichnet den Weg von Bayonne, das in gallorömischen Zeiten **Lapurdum** hieß und in der die Waffenschmiede einst Bajonette fertigten. Nach den englisch-französischen Konflikten ging Bayonne 1451 endgültig in französische Hand über. Was heißt französisch? Wäre baskisch nicht angemessener? Ansichten über Ansichten.

Zwar kocht die nationalistische Volksseele beileibe nicht so wie in den nahen spanischen Städten, aber wer den Stadtteil **Petit-Bayonne** durchschreitet, merkt rasch, daß es für viele nur ein Vaterland gibt: das Baskenland. Hier ist Bayonne urtümlicher als anderswo, hier findet man die größte Konzentration an Szenekneipen, hier baumeln baskische Flaggen vor den Fenstern, hier zieren fanatische Parolen und ETA-Graffitis viele Hauswände.

Bayonne, 43 000 Einwohner, gelegen an der Mündung von Nive in Adour und gedrittelt in die Stadtteile **Grand-Bayonne**, **Petit-Bayonne** und **St-Esprit**, eröffnet sich dem Besucher als einladende Ausflugs- und Einkaufsstadt. Mal ruhig (in den Geschäftsarkaden und den Grünzonen an den Stadtmauern), mal dynamisch (als Hafenstadt, Zugknotenpunkt und während der bunten Volksfeste im August). Wahrzeichen der Stadt ist die gotische Kathedrale.

Auffällig sind im Zentrum Bayonnes die erhabenen alten Häuserzeilen mit schmiedeeisernen Balkongittern und Holzläden in allen erdenklichen Farben – stimmungsvolle bunte Bilder in Rot und Blau, in Gelb und Grün.

Eintauchen in eine uralte Kultur: Bayonne ist eine typisch baskische Stadt

Hotels und andere Unterkünfte

Des Arceaux
Durchschnittliche Zimmer ohne Aussicht, unterdurchschnittlicher Preis. Sauber, zentral.
26, rue du Port-Neuf
Tel. 05 59 59 15 53
17 Zimmer
Untere Preisklasse

Des Basses Pyrénées
Recht einfache Zimmer; die ruhigeren zur Seite der Place des Victoires hinaus. Freundlich. Investitionen in neue Matratzen wären von Vorteil.
12, rue Tour-de-Sault (Eingang auch an der Place des Victoires)
Tel. 05 59 59 00 29
Fax 05 59 59 42 02
41 Zimmer
Untere/Mittlere Preisklasse

Loustau
Angenehmer Drei-Sterne-Block über den Adourufern und nahe dem Bahnhof. Oft ausgebucht.
1, place de la République
Tel. 05 59 55 08 08
Fax 05 59 55 69 36
44 Zimmer
Mittlere Preisklasse

Le Port-Neuf
Typisches altes Haus in der Fußgängerzone. Wen's nicht stört, durch die Bar ins Hotel zu gehen, macht einen überraschend guten Deal.
44, rue du Port-Neuf
Tel. 05 59 25 65 83
5 Zimmer
Untere Preisklasse

Camping La Chenerai
Vier-Sterne-Platz mit Tennisanlagen und Pool.
An der N 117, Richtung Pau
Tel. 05 59 55 01 31
Fax 05 59 55 11 17
Ostern–Ende Sept.

Spaziergang

Brechen Sie zu einem rund einstündigen Bummel an der **Place de la Liberté** auf mit dem mächtigen Block von **Rathaus** und **Stadttheater** (Mitte 19. Jh.). Werfen Sie einen Blick auf die große Fontäne, die nahe Mündung von Nive in Adour liegt sowie die Reihe von Skulpturen auf dem Rathausdach. Dringen Sie vom Platz aus vor in die Rue du Port-Neuf (Fußgängerbereich). Automatisch gehen Sie durch die Rue de la Monnaie auf die Türme der gotischen Kathedrale zu. An der Place Pasteur erreichen Sie einen Seitenflügel der **Cathédrale Ste-Marie** und ein Stück weiter rechts das Hauptportal. Halten Sie sich an den Mauern der Kathedrale, die übergehen in jene des **Kreuzgangs** in der Rue Montaut. Auf der Rue Montaut geradeaus bis zur Place Montaut und dort die letzte Straße links hinein (Rue de la Vieille Boucherie).

Gehen Sie die Rue de la Vieille Boucherie bis zur geschäftigen Rue d'Espagne. Dort links bis zur Rue Poissonnerie, rechts und hinunter am **Marktgebäude** vorbei an die Nive. Schreiten Sie geradeaus über die Pannecau-Brücke hinein nach **Petit-Bayonne** und durch die Rue Pannecau. Die Rue Pannecau stößt auf die Place Paul-Bert mit dem **Château- Neuf**. Vom Platz aus folgen Sie der Rue des Lisses so lange nach links, bis diese übergeht in die Rue du Bourg-Neuf. Rechter Hand liegt die Mitte des 19. Jh. in neogotischem Stil erbaute **Eglise St-André**.

Folgen Sie der Rue du Bourg-Neuf bis zu ihrem Ende an einer weiteren Flußbrücke, dem **Pont Mayou**. Dort herrliche Blicke auf die Häuserzeilen beidseits der Nive.

Ein Links- und Rechtsschlenker führt Sie zurück auf die Place de la Liberté.

Sehenswertes

Cathédrale Ste-Marie

TopTen 4

Aus der Ferne schon sieht man die gotischen Zwillingstürme der Kathedrale, zwischen dem 13. und 16. Jh. auf einem kleinen Hügel oberhalb der Flüsse errichtet. 80 m lang und 33 m breit ist der Dom, von dem die ältesten Teile im Chor und Chorumgang erhalten sind. Ende des 19. Jh. wurde das Gotteshaus umfangreich restauriert.

Im Innern leitete einst ein gotisches Portal zum Kloster mit dem Prunkstück des gesamten Komplexes: dem **Kreuzgang** (heute separater Eingang in der Rue Montaut; Eintrittsgebühr). Eine gotische Harmonie in Stein läuft um das kleine Wiesenrechteck. Das Sonnenlicht bricht sich in den feinen Bögen der drei Arkadengänge und legt kunstvolle Schattenrisse aufs Gestein. In aller Ruhe kann man aufschauen zu den Kirchtürmen, zu den Stützbögen und Strebepfeilern. Aufmerksamkeit verdienen die alten Gräber im Klostergang, so jenes der 1759 verstorbenen Prinzessin Léopoldine de Lorraine nahe der Tür zur Kathedrale.

Stadtmauern und Festungen

Stadtmauern umziehen nach wie vor große Teile des Viertels Grand-Bayonne an der Rue Tour-de-Sault und dem Boulevard du Rempart-Lachepaillet. Das bekannteste Portal heißt **Porte d'Espagne** (am Ende der Rue d'Espagne), der am besten

erhaltene Turm **Tour de Sault** (an der Nive nahe dem Pont du Génie). Ins 11. Jh. reicht die Geschichte des **Château-Vieux** zurück (heute Rue des Gouverneurs), in dem schon Navarras König Alfonso el Batallador (1130), der kastilische Herrscher Pedro el Cruel (1367) und Ludwig XIV. (1660) logierten. Auch Petit-Bayonne hat seine Bastion: das heute als Kaserne dienende **Château-Neuf** an der Place Paul-Bert. Bereits 1460 ordnete König Ludwig XI. dort den Bau einer militärischen Festung an. Heutzutage grünt und blüht es an den Stadtmauern. Ein **Botanischer Garten** mit über tausend Arten einheimischer und auswärtiger Flora ist an der Allée des Tarides angelegt worden (Eintritt frei).

Museen

Musée Basque
Standardmuseum zu den Basken, ihrer Kultur und ihren Traditionen. Wegen Renovierungsarbeiten geschlossen, mindestens bis 1998/99.
1, rue Marengo

Musée Bonnat
Wertvolle Kunstsammlung mit Werken u. a. von Rubens, Rembrandt, El Greco, Goya und Murillo sowie dem Museumsinitiator Léon Bonnat.
5, rue Jacques Laffite
Tgl. außer Di 10–12 und 14.30–18.30 Uhr, Fr bis 20.30 Uhr
Eintritt 20 FF, Kinder 10 FF

Reptilarium
Die Welt der Reptilien mit Boas, Pythons und Waranen. Fütterung samstags 17 Uhr.
Chemin de St-Bernard
Tgl. 9–12 und 14–19 Uhr
Eintritt 35 FF, Kinder 25 FF

Essen und Trinken

El Asador
Rustikale Einfachheit auf harten Holzstühlen. Spanisch-baskische Küche. Zu empfehlen: die Fleischplatte für zwei Personen.
Place Montaut
Tel. 05 59 59 08 57
So abends und Mo geschl.
Mittlere Preisklasse

Auberge du Cheval Blanc
Eines der ersten Häuser am Platze. Restaurantsaal betont altmodisch. Spezialität Tintenfische.
68, rue du Bourg-Neuf
Tel. 05 59 59 01 33
Mittlere/Obere Preisklasse

Café du Théâtre
Mit sommerlichem Freiluftservice auf der Verkehrsinsel am Rathaus.
Place de la Liberté

Irrintzina
Gute baskische Küche. Spezialitäten: Tintenfische, Kalbfleisch und Aal.
9, rue Marengo
Tel. 05 59 59 02 51
Untere/Mittlere Preisklasse

Le Pavé
Gemütlicher Grottenrahmen im Untergeschoß. Ein Tip: die **grande assiette landaise** mit Spargel, Stopfleber und Speckscheiben.
8, rue des Gouverneurs
Tel. 05 59 59 51 74
So abends und Mi abends geschl.
Untere/Mittlere Preisklasse

Le Victor Hugo
Schöne Plätze unter den mächtigen Deckenbalken im ersten Stock und Blick auf die Nive.
1, rue Victor Hugo
Tel. 05 59 25 62 26
Untere/Mittlere Preisklasse

Einkaufen

Daranatz
Marzipan ohne Konservierungsstoffe. Hält sich bis zu zwei Wochen.
15, rue du Port-Neuf

Distillerie Izarra
Bekanntschaft mit und Verkauf von baskischem Kräuterlikör.
Betriebsführungen mit Probe (15 FF) April–Okt. Mo–Fr 9–11.30 und 14–16.30 Uhr, Mitte Juli– Ende Aug. Mo–Sa 9–11.30 und 14–18 Uhr, Nov. – März nur nach Absprache
Tel. 05 59 55 07 48
Fax 05 59 55 45 87
9, quai Amiral Bergeret

Halles
Wochenmarkt im überdachten Bau (**halles**) am Quai Roquebert. Neben Obst und Gemüse auch Käse, Wein und **foie gras**.
Mo 7.30–13, Di, Mi und Do 7–13, Fr 6.30–13.30 und 15.30–19, Sa 6–13.30 und 15.30–19 Uhr

La Maison du Fromage
Große Auswahl an Käse, außerdem Schaumwein (**cidre basque**) und pfeffrige Sauce (**sauce basque**).
Rue Bernadou

Zabal-Irati
Buchhandlung mit gutsortierter Auswahl an Literatur zum Baskenland und zu den Basken.
52, rue Pannecau

Am Abend

In Petit-Bayonne Unmengen an Bars und baskisch-nationalistischen Szenekneipen. Wer es lebhafter liebt, fährt nach Anglet.

La Luna Negra
Bar und Jazzcafé, Fr und Sa abends gelegentlich Livemusik.
Rue des Augustins

La Tequila
Typisches Kneipenflair in Petit-Bayonne.
20–22, rue des Cordeliers

Der Besondere Tip

Jambon de Bayonne Nicht jedes Stück Schwein kann man sich auf der Zunge zergehen lassen, aber den Bayonner Schinken... Rund zehn Monate lufttrocknen müssen die rohen Keulen, bis sie ihr urtypisches herzhaftes Aroma erreicht haben. Zunächst wird der Jambon de Bayonne zwei Wochen lang in eine körnige Mischung aus Salz, Knoblauch, Essig und Piments aus Espelette eingelegt. Danach hängt er weitere fünfzehn Tage in vier Grad kühlen Räumen ab. Einige Fleischereien in Bayonne öffnen ihre Türen für Besucher. Empfehlenswert: Pierre d'Ibaïalde, 41, rue des Cordeliers, Petit-Bayonne, Mo–Sa 9.30–12.30 und 14–18 Uhr. Mit Probe.

Théâtre de Bayonne
Stadttheater
Place de la Liberté
Tel. 05 59 59 07 27

Xan Xan Gorri
Beliebter Jugendtreffpunkt in Petit-Bayonne. Bar, Bodega, Restaurant.
9, rue des Cordeliers

Service

Auskunft

Office de Tourisme
Place des Basques
64100 Bayonne
Tel. 05 59 46 01 46
Fax 05 59 59 37 55

Busse
Abfahrt von Regionalbussen nach Biarritz, St-Jean-de-Luz und Hendaye ab der Rue du 49e (Tel. 05 59 26 06 99). Busse Richtung Soustons, Dax und Mimizan ab der Place de la Gare (Tel. 05 59 55 17 59).

Flugverbindungen
Aéroport de Biarritz-Anglet-Bayonne an der N 10 bei Anglet (Tel. 05 59 43 83 81). Flüge u.a. nach Genf und Paris.

Zugverbindungen
Bahnhof an der Place Péreire in St-Esprit (Tel. 05 59 46 81 35). Gute Verbindungen nach Bordeaux und Paris.

Ausflugsziele

Anglet ■ B 9

Wer nach Anglet fährt, setzt ganz auf Strand und Meer und Surfen und Ausgehvergnügen. Ein durchweg junges Publikum aalt sich tagsüber an den herrlichen, insgesamt vier km langen Sandstränden, die durch steinerne Molen unterteilt sind in Abschnitte wie Les Corsaires, Marinella und Chambre d'Amour (mit Grotte). Wegen der gefährlichen Strömungen sollte man nur an den

Geliebt von Feinschmeckern, bekämpft von Tierschützern: Stopfleber

ausgeflaggten, bewachten Abschnitten baden. Abends schwärmt die Jugend aus in die Bars und Diskotheken sowie an die Promenaden nahe der **Plage Les Sables d'Or**. Campingplätze und rund 20 Hotels bieten Unterkunft.

Dax ■ C 9

Dax dampft und dampft und dampft. Schon zu römischen Zeiten waren die Thermalquellen mit ihren heilenden Wirkungen für Rheumaleiden bekannt. Im Kern der 20 000-Einwohner-Stadt am Adour sprudeln noch heute aus der **Source de la Nèhe** 2,4 Mio. Liter täglich. Daß Dax unverändert eines der frequentiertesten französischen Kurzentren ist, läßt sich an der Vielzahl der Thermalhotels ablesen.

Stadtbummelziele sind die an der Place Roger Ducos gelegenen **Markthallen** (regionale Spezialitäten) und die **Cathédrale Notre-Dame** (17. bis 19. Jh.; erhaltenes gotisches Skulpturenportal der Apostel im Innenraum) sowie der **Parque Théodore Denis** am Adour-Fluß mit Stadtwappen, Arena und gallisch-römischen Mauern. Ferner interessant: **Musée de Borda** (Stadtmuseum; 27, rue Cazade), **Musée Foie Gras** (Stopflebermuseum; nicht ausgespart werden die gräßlichen Fütterungsmethoden.
1, rue des Jardins) und die Kirche **St-Paul-les-Dax** (11. Jh.) im gleichnamigen Vorort.

Service

Auskunft

Syndicat d'Initiative
Place Thiers
40104 Dax
Tel. 05 58 56 86 86
Fax 05 58 56 86 80

Isturits und Oxocelhaya ■ C 9

So nah und doch verschieden sind die miteinander verbundenen Grotten von Isturits und Oxocelhaya. Während in der Höhle von Isturits die prähistorischen Zeugnisse Vorrang haben (eingravierte Rentiergruppe an einem Tropfstein), interessieren in der Grotte von Oxocelhaya die vielfältigen Gebilde von Stalagmiten und Stalaktiten.
Mitte März–Mitte Nov. tgl. 10–12 und 14–18 Uhr, Juli–Aug. 10–18 Uhr; März–Mai und Okt.–Nov. Mo nachm. und Di nachm. geschl.
Anfahrt ab Bayonne über die D 312 bis Briscous, danach D 21 bis Hasparren und weiter auf D 22 und D 14 bis zum Höhlenort St-Martin-d'Arberoue

Sabres ■ D 8

Mit dem Dampfzug hinein in die alten Zeiten des harten Landlebens. Von Sabres aus bringt ein Bähnchen die Besucher ins fünf km entfernte Dörfchen Marquèze, das zum **Eco-musée de la Grande Lande** zählt. Das Freilichtmuseum, gelegen im Herzen des **Parc Naturel Régional des Landes de Gascogne**, spiegelt das ländliche Leben im 19. Jh. wider. Ein lebendiges Bild mit Schafen, Mühle, Ställen und Gutshof.
Zugabfahrten ab Sabres Juni–Sept. alle 40 Min. tgl. 10.10–12.10 und 14–17.20 Uhr; April, Mai und Okt. alle 40 Min. Sa 14–17.20, So 10.10–12.10 und 14–17.20 Uhr, Mo–Fr nur 15 Uhr; Nov–März geschl.
Eintritt 45 FF, Kinder 25 FF.
Anfahrt ab Bayonne über die N 10 bis Labouheyre, dort Abzweig auf der D 626 nach Sabres, knapp 120 km. Mit einem Ausflug nach Dax zu kombinieren.

Biarritz

■ B 9

Die baskische Hochburg der Sommerfrische ist ein Seebad alten Schlages. Mit prunkvollen Villen und Palästen, mit breiten Promenaden und exklusiven Boutiquen. Wer allerdings die Nebenstraßen des – auf den ersten Blick – elitären Städtchens durchstreift, stellt fest, daß an vielen Stellen der Putz abbröckelt. Hätten Napoléon III. und seine Gattin Eugénie nicht 1854 einen Strandhügel nahe dem Leuchtturm als geeigneten Platz für ihren kaiserlichen Palast gewählt, wer weiß, was aus diesem windgepeitschten Fischerort an der baskischen Küste geworden wäre. So aber avancierte Biarritz schon bald zum Schauplatz von Soirées und rauschenden Ballnächten, zur Spielwiese von Königen und Prinzen, von englischen Lords und spanischen Granden. Später gab Sarah Bernhardt Showabende in Biarritz, und Filmgrößen wie Gary Cooper, Bing Crosby und Rita Hayworth betteten sich im mittlerweile zum Hotel umgebauten Kaiserpalast.

Heute kommen Besucher jedweden Alters in die 30 000-Einwohner-Stadt am **Golfe de Gascogne**. Die einen sonnen und baden sich an den Stadtstränden **Grande Plage** und **Plage Miramar** (Vorsicht: nur schmale Streifen sind bewacht) oder surfen, was die Bretter hergeben, an der **Côte des Basques**. Die anderen folgen den Spuren der aristokratischen Altvordern an den Spieltischen des **Casinos** und den Suiten des **Hôtel du Palais**, in dem man für eine Nacht locker mehr als 6000 Francs auf den Tisch des Hauses blättert. Kurzum: ein kontrastreiches Miteinander.

Das Casino erhält Biarritz etwas von der Mondänität vergangener Zeiten

Hotels

Atalaye
Zwei-Sterne-Hotel für Gäste mit geringen Ansprüchen. Recht große Zimmer, TV.
Plateau de l'Atalaye
Tel. 05 59 24 06 76
Fax 05 59 22 33 51
24 Zimmer
Untere/Mittlere Preisklasse

Beaulieu
Nettes, überschaubares Hotel. Kleine Zimmer, manche mit Strandblick.
3, esplanade du Port-Vieux
Tel. 05 59 24 23 59
Fax 05 59 24 93 69
28 Zimmer
Untere/Mittlere Preisklasse

Au Bon Coin
Helle, große Räume. Etwas außerhalb der City. Zimmerfronten zeigen zu ruhigen Nebenstraßen hin. Parkplatz.
5, rue de la Cité
Tel. 05 59 24 01 68
Fax 05 59 24 21 34
19 Zimmer
Untere Preisklasse

Du Palais
Treffpunkt der Aristokraten von gestern und heute. Mit drei Restaurants, Gärten, beheiztem Meeresschwimmbad. Schon im Foyer erwartet den Gast das Bild der guten alten Zeit: mit Marmorsäulen, Pendeluhr und Fauteuils, in die man hineinsinkt.
TOPTEN 6
1, avenue de l'Impératrice
Tel. 05 59 41 64 00
Fax 05 59 41 67 99
159 Zimmer
Luxusklasse

Le Président
Hoher, zentraler Hotelkasten. Zimmer mit TV. Unpersönlich, etwas stickig.
Place Clemenceau
Tel. 05 59 24 66 40
Fax 05 59 24 90 46
64 Zimmer
Mittlere/Obere Preisklasse

Die Brücke zum Rocher de la Vièrge wurde von Gustave Eiffel konstruiert

Spaziergang

Ausgangspunkt für den Spaziergang (ca. 45 Min.) ist die langgestreckte Place Clemenceau. Von hier aus abwärts und am **Casino** vorbei an die Promenade oberhalb der **Grande Plage**. Flanieren Sie ein Stück Richtung Leuchtturm und **Hôtel du Palais**. Machen Sie an jenem Punkt kehrt, an dem die Arkaden unterhalb des Hotelpools die Grande Plage von der Plage Miramar trennen. Sie verlassen die Promenade auf Höhe der Steinformation **Rocher des Enfants**, lassen den **Palace Bellevue** links liegen, gehen ein Stück den Boulevard du Maréchal Leclerc hoch und rechts einige Stufen runter auf einen Gehweg, der linker Hand am kleinen **Fischerhafen** mit seinen Bars und einfachen Restaurants entlangführt. Dann vorbei an den Häusern der Fischer, auf dem Weg aufwärts und an dessen Ende vor dem Autotunnel scharf rechts hinauf auf ein Plateau.

Genießen Sie die herrliche Aussicht auf Strände und Stadt, und gehen Sie auf der anderen Seite hinunter auf den Freiplatz vor dem modernen Bau des **Musée de la Mer**. Dort über die von Gustave Eiffel konzipierte Eisenbrücke auf das schmale Riff mit dem **Rocher de la Vièrge**. Rund um den »Jungfrauenfelsen« mit einem kleinen weißen Marienbildnis (1865) blickt man auf die schroffe Küste, die Pyrenäen und die vorgelagerten Klippen mit ihren natürlichen Felsbögen.

Dann über die Brücke zurück auf den Platz, dort rechts halten und auf der Esplanade de la Vièrge oberhalb der Plage du Port-Vieux entlang bis zur Place du Port-Vieux. Dort links hinauf in die von Imbißbuden, Bars, Restaurants und kleinen Hotels gesäumte Rue du Port-Vieux, die übergeht in die Rue Mazagran. Bald eröffnet sich links die Place Ste-Eugénie mit Fontäne, Pavillon, Hotels, Restaurants und Laternenreihen.

Die **Eglise Ste-Eugénie** wurde 1903 eingeweiht und beeindruckt im Innern durch ihre von Luc-Olivier Merson und dem Meisterglasmaler Lesquibes geschaffenen Fenster. Zum Schluß auf der Rue Mazagran weiter zur Place Clemenceau.

Sehenswertes

La Chapelle Impériale
Kaiserin Eugénie ließ die Kapelle 1864 in einem vormaligen Parkgelände erbauen.
Rue Pellot
Nur Do 15–18.30 Uhr

Le Phare
Auf dem Plateau der Landzunge St-Martin wurde der 73 m hohe Leuchtturm im 19. Jh. errichtet. Ausblick auf Küste, Stadt und Pyrenäen.

Museen

Musée de la Mer
→ Mit Kindern unterwegs, S. 27

Musée Historique de Biarritz
Stadtmuseum.
Rue Broquedis
Tgl. außer Do und So 10–12 und 15–18 Uhr
Eintritt 15 FF, Kinder 5 FF

Essen und Trinken

Café de Paris
Sternchengekröntes Gourmethaus mit dem opulenten Grand Repas im pflanzenreichen Speisesaal.
5, place Bellevue
Tel. 05 59 24 19 53
Jan.–März sowie Mi mittags und Di geschl., Juli–Aug. tgl. geöffnet
Obere Preisklasse/Luxusklasse

Chez Albert
Meeresfrüchteplatte und Meeresfrüchtepaella für zwei Personen am Fischerhafen. Blick auf Parkplatz.
Port des Pêcheurs
Tel. 05 59 24 43 84
Mittlere Preisklasse

Le Corsaire
Fischsuppe, Crevetten in Knoblauch und Sardinen. Am Fischerhafen.
Tel. 05 59 24 63 72
In der Nebensaison Mo geschl.
Untere/Mittlere Preisklasse

L'Océan
Seezungenstreifen mit Gänsestopfleber und gegrillter Seehecht mit Knoblauch entweder auf der Platzterrasse oder hinter der angenehmen Glasfront im Innern.
9, place Ste-Eugénie
Tel. 05 59 24 03 27
Jan. geschl.
Mittlere/Obere Preisklasse

Einkaufen

La Fonda
Musealer Ausstellungs- und Verkaufsraum mit spanischen Schmuckziegeln, Keramiktellern und -krügen.
27, place Clemenceau (erster Stock)

Halles Centrales
Wochenmarkt Di–So 8–13 Uhr.
Rue des Halles

Helena
Große Auswahl an baskischem Leinen (z. B. Sets).
33, rue Mazagran

Pariès
Marzipanspezialitäten in Würfel- und Scheibchenform, auch als noble Geschenkpackungen.
27, place Clemenceau

Am Abend

Casino
Automatensaal (schon ab 11 Uhr), Roulette, Black Jack. Mit Diskothek Le Flamingo.
Avenue Edouard VII
Tgl. 17–3 Uhr

Le Green
Brasserie und Pianobar mit Mahlzeitenservice (Pizza, Quiche Lorraine).
Place Clemenceau

La Marine
Bar-Pub. Champagner und hausgemachte Sangria.
Ecke Rue Mazagran/Rue du Groélans

The Player's
Beliebter zentraler Bar-Pub, in dem man auch Salat und Pizza ordern kann.
2, rue Gardères

Service

Auskunft

Office de Tourisme
1, square d'Ixelles
64200 Biarritz
Tel. 05 59 24 20 24
Fax 05 59 24 14 19

Busse
Regionalbusse (z. B. nach Bayonne, St-Jean-de-Luz) entweder ab dem Zugbahnhof (Allée du Moura), dem Square d'Ixelles oder der Rue Louis Barthou. (Tel. 05 59 24 36 72 und 05 59 24 26 53).

Zugverbindungen
Bahnhof Biarritz-La Négresse, ca. drei km außerhalb des Zentrums an der Allée du Moura
(Tel. 05 59 23 04 84).

Ausflugsziele

Corniche Basque ■ B 9

Die Corniche Basque, eine malerische Küstenstraße, windet sich über 14 km von Hendaye nach St-Jean-de-Luz. Am Ende des Boulevard de la Mer in **Hendaye** steigt die Straße an, leitet vorbei am **Château d'Abbadia** und an Campingplätzen. Man erhebt sich über der zerklüfteten Küste. Wellen schlagen gegen die steilen Klippen, man sieht hinüber bis zum spanischen Kap Higuer und zu den Gipfeln der Pyrenäen. An einer Gabelung folgt man dem Sträßchen D 912 und fährt durch **Socoa** (Strand; Kastell an der Hafeneinfahrt) und **Ciboure** (Geburtsort des Komponisten Maurice Ravel) auf den Strand- und Hafenort **St-Jean-de-Luz** zu.

TOPTEN 7

Rückfahrt nach Hendaye über die N 10 mit möglichen Stopps am **Parc Floral du Pays Basque** (Blumenpark) und dem **Château d'Urtubie** (Schloßanlage; beide bei Urrugne).

Hendaye ■ B 9

Wer Hendaye nur als häßlichen Umsteigebahnhof an der Grenze kennt, vermutet kaum, daß fernab der Gleise malerische Sporthäfen (Caneta, Sokoburu) und ein schöner Badestrand liegen. Die Strandpromenade des Ferienortes erstreckt sich von der Mündung des Bidassoa-Flusses bis zu den Felsformationen an der Pointe de Sainte-Anne. Hendaye bietet ein Casino, ein breites Sportangebot sowie das Naturschutzgebiet Domaine d'Abbadia (Spazierwege) rund um das Château d'Abbadia. Allgegenwärtig sind die Blicke auf die Pyrenäen und den spanischen Jaizkibel-Berg.

Service

Auskunft

Office de Tourisme
12, rue des Aubépines
64700 Hendaye
Tel. 05 59 20 00 34
Fax 05 59 20 79 17

DER BESONDERE TIP

Wilhelm von Humboldts »Die Vasken« »Was man von einer schönen Meeresansicht erwarten kann, findet sich hier vereint, mahlerische Gestalten eines felsigen Ufers in der Nähe und ein unbeschränkter Blick auf die ungeheure Fläche.« Im Deutsch jener Jahre malte der Philosoph Wilhelm von Humboldt (1767–1835) ein poetisches Bild von Biarritz. Seine »Reise durch Biscaya und das französische Basquenland im Frühling des Jahrs 1801« ist ein Schatzkästchen. Amüsant, detailverliebt, mit wissenschaftlicher Schärfe und dem Blick für das Besondere. Es lohnt sich, »Die Vasken« in Humboldts Gesammelten Werken daheim in der Bibliothek aufzustöbern (zum Kauf der Werke in sieben Bänden mag man angesichts des Preises von 611 DM kaum raten).

La Rhune ■ B9

Das Baskenland zu Füßen. Die Auffahrt mit der Zahnradbahn auf den 900 m hohen Berg La Rhune macht's möglich. Im Schneckentempo schaukelt das Altertümchen auf Schienen viereinhalb km aufwärts. Von der Gipfelplattform über der Bahnstation dann einzigartige Fernblicke. Auf die Bucht von St-Jean-de-Luz, das Adour-Mündungsgebiet und die spanisch-französischen Pyrenäen mit Silhouetten von 3000-m-Riesen, bis zu 150 km entfernt. Kurios: Genau über den Rhune-Gipfel verläuft die Grenze, die Restaurants liegen bereits auf spanischer Seite.

TOPTEN 8

Bahnstation auf halber Strecke zwischen Ascain und Sare; Anfahrt über St-Jean-de-Luz.
Hin- und Rückfahrt auf den Gipfel 50 FF, Kinder und Hunde (!) 30 FF

St-Jean-de-Luz ■ B9

Der lockenden Stadtansicht von der Charles-de-Gaulle-Brücke über die Nivelle mag man kaum widerstehen: ein Ensemble aus Fischkuttern, Masten und Häuserzeilen rund um den Hafen. St-Jean-de-Luz lädt zum Bummeln ein (Rue Gambetta), zum Baden (heimeliger Sandstrand) und Sich-gemütlich-Niederlassen (Rue de la République). Außerdem ist es ein geschichtsträchtiger Fleck. Im Jahre 1660 schlossen Ludwig XIV. und die spanische Infantin Maria-Theresia unter großem Prunk in der **Eglise St-Jean-Baptiste** den Bund fürs Leben. Auf dem Besuchsplan sollten jenes Gotteshaus (mehrstöckige Holzgalerien sowie sehenswertes Retabel mit Statuen von Engeln, Aposteln, Heiligen) und das 1643 von dem Reeder Johannis de Lohobiague erbaute **Maison Louis XIV** nicht fehlen (1660 einen Monat lang königliche Residenz). Außerdem: das **Musée Grevin** (Wachsfigurenkabinett im Pavillon d'Infante).

Historisch bedeutsam: die Kirche St-Jean-Baptiste in St-Jean-de-Luz

Ein Land der 1001 Schlösser und Bastiden. Durchzogen von Dordogne, Isle und Vézère, durchlöchert von Höhlen unserer steinzeitlichen Vorfahren.

Ein grünes Hügelland über Birkenwäldchen und Walnußbäumen, dazwischen hingetupft Dörfchen mit den Silhouetten von Kirchturm und Festungsmauern. Daß es sich in diesem Landstrich gut leben läßt, wußten bereits unsere Urväter. In zahlreichen Höhlen fanden sie Unterschlupf, hinterließen Zeugnisse ihrer Kunst. Das gesamte Flußtal der **Vézère** ist gesäumt von prähistorischen Stätten; zu den bekanntesten zählen die Grotten von **Lascaux** sowie jene bei **Les Eyzies.** Wer von der Dordogne spricht, meint das **Périgord**. Und umgekehrt. Dordogne bezeichnet heute das Département im nordöstlichen Aquitanischen Becken, das hervorgegangen ist aus dem historischen Gebiet Périgord um die Flüsse Vézère, Dordogne und Isle. Périgord hören die Einheimischen lieber. Auffällig ist der unerschöpfliche Reichtum an Schlössern, Bastiden und Abteien, darunter so prächtige wie Beynac, Biron, Bourdeilles, Castelnaud, Hautefort, Jumilhac, Losse, Monbazillac, Puyguilhem und Puymartin.

Malerische Städtchen findet man in der Dordogne: hier Brantôme an der Dronne

Périgueux

■ F 5

Keine Stadt, bei der man sich am Ortsschild willkommen fühlt. Wer aber die ausladenden Straßenschluchten und unübersichtlichen Randbezirke bezwingt, wird belohnt.

2000 Jahre Stadtgeschichte

Périgueux ist eine geschäftige Stadt der Plätze und Baudenkmäler, in der es Spaß macht, sich von Neugier und Instinkt durch die Altstadtgäßchen treiben zu lassen. Ein Terrassencafé hier, ein malerischer Winkel dort, dazwischen Torbögen und Patios. An anderer Stelle tritt man ein in die Römerzeit (guterhaltene **Tour de Vésone**, kärgliche Reste des Amphitheaters) und die Epoche der romanischen Baukunst (**Cathédrale St-Front** und Kirche **St-Etienne-de-la-Cité** mit ihren imposanten Kuppeln), stößt auf Häuser, Türme und Portale aus der Renaissance und streift über die bunten Märkte von heute. Périgueux (34 000 Einwohner) ist inmitten eines waldreichen Gürtels an der Isle gelegen. Außer der Landwirtschaft spielen hier, im Herzen des Weißen Périgord, Bekleidungs-, Holz-, Tabak- und Nahrungsmittelindustrie eine gewichtige Rolle. In der Hauptstadt des Départements Dordogne laufen die Fäden zusammen und – für Besucher – wieder auseinander. Schließlich liegen die Spuren der Vorgeschichte zum Greifen nah (**Lascaux II, Les Eyzies**). Und die mittelalterlichen Reize von **Domme** und **Sarlat-la-Canéda** sind kaum zu schlagen. Gut und rasch zu erreichen sind auch der Festungsort Brantôme und das Abteidorf Bourdeilles.

Unbestrittenes Zentrum des Départements Dordogne: Périgueux

Hotels und andere Unterkünfte

Bristol
Ruhiger Drei-Sterne-Block, etwas abseits der Innenstadt. Geräumige Zimmer.
37, rue A. Gadaud
Tel. 05 53 08 75 90
Fax 05 53 07 00 49
29 Zimmer
Mittlere Preisklasse

Ibis
Zentral und beschaulich. Unterhalb der Kathedrale, Zimmer auch mit Blick über Isle und auf umliegende Hügel.
Rue des Quais
Tel. 05 53 53 64 58
Fax 05 53 07 51 79
89 Zimmer
Mittlere Preisklasse

Les Reynats
Herrschaftliches Ambiente in einem Schloß aus dem 19. Jh. Schwimmbad, Park, Tennis. Rund drei km außerhalb, nahe der Abtei von Chancelade, Richtung Angoulême.
Périgueux-Chancelade
Tel. 05 53 03 53 59
Fax 05 53 03 44 84
37 Zimmer
Obere Preisklasse

Wilson
Zentrales, zweckmäßiges Zwei-Sterne-Hotel. Zimmer mit TV.
33, rue du Président Wilson
Tel. 05 53 09 36 77
Fax 05 53 53 74 96
Mittlere Preisklasse

Camping Le Grand Dague
Vier-Sterne-Platz mit zwei Pools und Minigolf. Rund fünf km außerhalb an der Straße (N 89) von Périgueux nach Brive.
Tel. 05 53 04 21 01
Fax 05 53 04 22 01

Spaziergang

Wer vor der **Maison du Tourisme** an der Place Francheville steht, geht einen Block hinauf bis zur Place Bugeaud und rechts hinein in die Rue Taillefer, an deren Ende sich die **Cathédrale St-Front** erhebt. Beidseits der geschäftigen Rue Taillefer zweigen kleine, malerische Gassen ab. Am Kathedralvorplatz hält man sich links, kommt in die Rue Salinières (ein Stück Fußgängerzone) und an die Place du Coderc. Dort schräg links hinüber und ins enge Gäßchen Rue de la Sagesse mit seinen altehrwürdigen Häuserzeilen (**Renaissance-Portale**). Am Ende der Rue de la Sagesse auf die Place St-Louis (Terrassencafés), dann rechts in die Rue Eguillerie mit ihrem unebenen Pflaster, an der nächsten Ecke wieder rechts durch die Gassenschlucht der Rue Limogeanne, bis linker Hand ein noch winzigeres Gäßchen auftaucht (Impasse Limogeanne).

Dort hinein, über einen kleinen Platz und durch zwei Steinportale auf die Place Daumesnil an der Seitenfront der Kathedrale. Man hält sich schräg links, läßt das Gotteshaus rechts liegen, steigt eine Treppe hinunter und geht auf der Rue de Tourville geradeaus auf die Uferstraße entlang der Isle zu. Dort rechts und Blick auf Brücken, Fluß und Hügelland. Einen Block weiter erneut rechts und, vorbei an opulentem Mauerwerk, zurück Richtung Oberstadt. Am Ende der Treppenstufen links halten und durch die kleine Parkanlage streifen, in der die Kanonenrohre (**Canons du Thouin**) auf die Isle hinausdeuten. Aufs neue kommt man auf dem Kathedralvorplatz (Place de la Clautre) raus, geht ein kleines Stück durch die Rue Taillefer, dann links die Rue Aubergerie hinab und am **Musée Militaire** (Exponate vom Mittelalter

bis zum Zweiten Weltkrieg) rechts hinein in die Rue des Farges mit Renaissancehäusern und kleinen Restaurants. Das älteste erhaltene Haus der Stadt ist die **Maison des Dames de la Foy** in der Rue des Farges Nummer 6. Zum Schluß geht die Rue des Farges über in die Rue de la Bride, die zurückleitet auf die Place de Francheville.
Dauer: ca. eine Stunde

Sehenswertes

Cathédrale St-Front

Wahrzeichen der Stadt ist die Kathedrale mit dem markanten Glockenturm und ihren auf Strebepfeilern ruhenden Kuppeln, die bei Restaurierungen (1852–1901) stark verändert und mit Ziertürmchen versetzt wurden. Romanisch-byzantinischer Ursprungsbau, dessen Vorbild die Mar-

kuskirche in Venedig war. Schöner Kreuzgang (12.–16. Jh.) mit merowingischen Sarkophagen, unglaubliches Glockengeläut.
Place de la Claustre

Eglise St-Etienne-de-la-Cité
Einen ganzen Straßenblock nimmt das mächtige Bauwerk ein, das im 11. Jh. begonnen wurde und dem städtischen Schutzpatron St-Etienne geweiht ist. Von den romanischen Ursprüngen künden zwei Kuppeln; die beiden anderen sowie der Glockenturm wurden 1577 während der Religionskriege zerstört. Im Innern verdient der elegante Bogen über dem Grab des Bischofs Jean d'Asside Aufmerksamkeit.
Rue de la Cité

Tour de Vésone
Wie ein gewaltiger steinerner Hohlkörper wirkt der römische Tempelturm aus dem ersten nachchristlichen Jahrhundert. Einst stand er im Zentrum der römischen Stadt Vesuna, war mit Marmorplatten verkleidet und von einem reichverzierten Säulengang umgeben. Angesichts der Einfälle von Barbaren brachen die Bürger rund ein Fünftel des Turms heraus, um die Verteidigungsmauer ihrer Stadt zu stärken.
Am Ende der Rue Emile Lafon, nahe der Bahngleise

Museum

Musée du Périgord
Streifzug von der Vorgeschichte über die Römerzeit bis zur Entwicklung Frankreichs im 20. Jh. Abteilungen zu Porzellan, Naturgeschichte, Geologie und Afrikanischer Völkerkunde.
22, cours Tourny
Mi–Mo 10–12 und 14–17 Uhr, April–Sept. bis 18 Uhr
Eintritt 12 FF, Kinder frei

Essen und Trinken

Le Fébus
Familienrestaurant mit regionalen Spezialitäten und frischen Fruchtsäften.
11, rue Notre-Dame
Tel. 05 53 53 20 75
Untere Preisklasse

Les Formules
Gegrilltes Rippenstück mit Roquefort-Butter auf der ruhigen Terrasse. Relativ preiswert und einfach.
16, rue des Farges
Tel. 05 53 03 46 56
So geschl.
Untere Preisklasse

Le Fromage à Malices
Raclette, Salate und reiche Käseauswahl.
3, rue Port-de-Graule
Tel. 05 53 04 47 44
Untere/Mittlere Preisklasse

Le Goûter de Charlotte
Salate, Grillspezialitäten. Auch Platzservice unter freiem Himmel.
Place St-Louis
Tel. 05 53 09 89 25
Untere/Mittlere Preisklasse

Einkaufen

Maison Léon
Körbe, Schmuckkacheln, Töpferwaren, Geschenkideen aller Art.
9, place de la Clautre

Märkte (Marchés)
Mi und Sa vormittags Wochenmarkt im Bereich Place du Coderc, Place de la Clautre und Place de l'Hôtel de Ville.
Mi und Sa Markt mit Kleidern, Schuhen, Gürteln, Plastiknippes in der Altstadt rund um Place Bugeaud und Place Francheville.
Mi und Sa vormittags Nußmarkt

(Marché aux Noix) Place du 8 Mai. Nov.–März Mi und Sa vormittags Fleisch- und Wurstmarkt (Marché au Gras) auf der Place St-Louis.

Pierre Champion
Stopfleber in allen Variationen und Preisklassen; Gläser und Konserven auch in vielen Altstadt-Metzgereien.
21, rue Taillefer

Am Abend

Die beste Ausgehzone in der Altstadt – mit Bars, Cafés und Brasserien – liegt im Bereich von Place St-Louis, Rue Salomon und Rue Voltaire. Außerdem:

Gordon's Pub
Bier und Cocktails auf der Terrasse.
12, rue Conde

Nouveau Théâtre
Im Auditorium Theater- und Musikveranstaltungen aller Art.
3, avenue d'Aquitaine
Tel. 05 53 63 18 71

Service

Auskunft

Maison du Tourisme
Organisierte Stadtführungen ab dem Touristenbüro, z.B. Circuit Gallo-Romain Juli und Aug. Mo–Fr 10 Uhr (22 FF) und Circuit Médiéval-Renaissance Juli und Aug. Mo–Sa 14.30 Uhr (22 FF).
26, place Francheville
24070 Périgueux
Tel. 05 53 53 10 63
Fax 05 53 09 02 50

Busse
Regionalbusse in die Umgebung ab der Place Francheville (Tel. 05 53 08 91 06).

Zugverbindungen
Ab dem Bahnhof (Rue D. Papin; Tel. 05 53 09 50 50) Anbindungen nach Paris und Bordeaux.

DER BESONDERE TIP

Kanuwandern im Périgord Welcher Sport- und Naturfreund verspürt nicht Lust, die rauhe Schönheit des Landes vom Wasserweg aus zu genießen? Strömung und Muskelkraft tragen Selbstpaddler abwärts auf Dordogne und Vézère. Ob tageweise oder als Wochenpaket. Auf Wunsch inklusive Zelt, Schlafunterlagen, wasserdichten Behältern und Rückfahrtservice mit dem Minibus. Tagespreis pro Person ab 50 FF, Wochenpaket ab 570 FF. Anbieter (Kanu, Kayak) sind z. B. Canoë-Raid in Siorac-en-Périgord, Les 3 Drapeaux in Les Eyzies und Jean Rivière in Limeuil. Informationen über die Touristenbüros sowie Comité Départemental de Canoë-kajak, 30, rue Chanzy, 24000 Périgueux, Tel. 05 53 04 13 00

Ausflugsziele

Bergerac ■ F 6

Vielleicht haben Sie gehört von Cyrano de Bergerac (1619–1655), einem Vorreiter der Aufklärung und Meister der Satire, den Edmond Rostand als Bühnenfigur in seinem Drama »Cyrano de Bergerac« (1897) aufleben ließ. Genau, jener Cyrano mit der langen Nase...

Den Namen des 28 000-Einwohner-Städtchens an der Dordogne haben auch die Tabakkulturen im Umland bekannt gemacht; das **Musée du Tabac** an der Place du Feu gibt Aufschluß zu Anbau und Produktion. Trotz einer kleinen Altstadt, dem nahen **Château de Monbazillac**, dem **Cloître des Récollets** (Klostergang aus dem 17./18. Jh.) und weiteren Museen wie **Musée de la Ville**, **Musée d'Art Sacré** und **Musée du Vin** eignet sich Bergerac eher als willkommenes Durchgangsstädtchen auf dem Weg zwischen Dordogne und Atlantikküste.

Service

Auskunft

Office de Tourisme
97, rue Neuve d'Argenson
24100 Bergerac
Tel. 05 53 57 03 11
Fax 05 53 61 11 04

Bourdeilles und Brantôme ■ F 5

Bezeichnende Beispiele für den Reichtum an Schlössern und Abteien in der Dordogne findet man in den nur wenige Kilometer voneinander entfernten Örtchen Bourdeilles und Brantôme. In Bourdeilles stößt man auf die **mittelalterliche Festung** (mit 35 m hohem Turm) und den **Renaissancepalast** (mit reichem Dekor und Mobiliar). In Brantôme sticht die **Benediktinerabtei** an der Dronne hervor, die bereits von Karl dem Großen gegründet wurde; nicht minder interessant ist ein

Im Sommer kann es eng werden auf der Dordogne

Höhlenrundgang von der Abtei aus, bei dem man zur **Grotte du Jugement Dernier** gelangt, zur »Höhle des Jüngsten Gerichts«. In beiden Orten bleibt die Erinnerung wach an den Schriftsteller und Lebemann Brantôme (1540–1614), der ein abenteuerliches Leben führte und in seinem Werk »Das Leben der galanten Damen« ein farbiges Bild der Gesellschaft seiner Zeit zeichnete.
Anfahrt ab Périgueux über die D 939; rund 25 km bis Brantôme

Domme ■ G 6

Pardon, Sie sind nicht der oder die erste, der sich in dieses Fleckchen Erde verliebt. Schon Frankreichs König Philipp III. hatte es die herrliche Lage des Felsenhügels angetan, worauf er 1280 beschloß, dort eine Festung zu errichten. Die schönsten Blicke über die grünen Höhen und das Tal der Dordogne eröffnen sich von der **Esplanade de la Barre** aus. Auf engstem Raum zusammen – an der **Place de la Halle** – liegen die weiteren Attraktionen des Bastidenörtchens: Stadtkirche, alte Markthalle, Gouverneurspalais aus dem 15. Jh., **Musée d'Art et des Traditions Populaires**, Zugang zu den Tropfsteinhöhlen.

Einkaufen

Valette
In Vorzugslage an der Platzecke hinunter zur Grand' Rue: das Feinkostlädchen Valette, in dem man in aller Ruhe zwischen mehr als 100 Produkten wählen kann. **Confit de canard**, Walnußöl, **foie gras entier, terrine campagnarde**, geschmackvoll präsentiert, ob in Dosen, Einmachgläsern oder im Körbchen mit Holzwollepolster.
Place de la Halle/Grand' Rue

TOPTEN 9

Service

Auskunft

Office de Tourisme
Place de la Halle
24250 Domme
Tel. 05 53 28 37 09

Les Eyzies-de-Tayac ■ G 6

Nicht gerade bescheiden, was neben dem Ortsschild prangt und auf die Fülle der vorgeschichtlichen Funde und Höhlen weist: Capital Mondiale de la Préhistoire, »Welthauptstadt der Prähistorie«.

Mit ihren über 200 Zeichnungen und Zeichen der Höhlenmenschen ist **Font-de-Gaume** die spektakulärste Grotte (ca. einen km außerhalb, Straße nach Sarlat; tgl. maximal 100 Besucher). Nicht ganz so imposant: die Gravurgalerien der **Grotte des Combarelles** (drei km außerhalb, Straße nach Sarlat). Bei der **Grotte du Grand Roc** handelt es sich um Tropfsteinhöhlen. Einen interessanten Überblick über das Abenteuer Archäologie im Périgord verschafft das oberhalb des Ortes gelegene **Musée de Préhistoire**; der im sechs km entfernten Tursac gelegene **Préhisto Parc** mit Szenen aus dem Alltagsleben der Vorgeschichte ist eher etwas für Kinder.

Weitere Grotten im näheren Umkreis von Les Eyzies: Cap Blanc (Fries), La Roque St-Christophe in Peyzac-le-Moustier (Felswand), La Ferrasserie (Überhang), Bara-Bahau in Le Bugue (Bärenhöhle) und die Grotte aux Cent Mammouths in Rouffignac (mit dem Elektrobähnchen durch die Galerien).

Service

Auskunft

Office du Tourisme
24620 Les Eyzies (an der Hauptstraße)
Tel. 05 53 06 97 05
Fax 05 53 06 90 79

Reservierungen Höhlenbesuche
Zentraler Reservierungsservice an der Information der Höhle Font-de-Gaume, Route de Sarlat, 24260 Les Eyzies; Tel. 05 53 06 90 80. Der Eintrittspreis enthält nicht die zusätzlichen Reservierungsgebühren.

Lascaux II ■ G 6

Hoch über dem Flußtal der Vézère und dem Örtchen Montignac tritt man hinein in eine Welt paläolithischer Kunst – allerdings aus dem 20. Jh. Die 17 000 Jahre alten Felsbilder der nahen Grotte Lascaux I mit ihren beeindruckenden Stiermotiven sind hier nachgemalt worden. Die 1940 entdeckte Original-Höhle wurde zum Schutz der Zeichnungen 1963 geschlossen; die Atemfeuchte der Besucher sowie Pilze hatten ihnen zugesetzt. 1983 wurde die Faksimile-Höhle eröffnet.
Tgl. außer Mo Juli–Aug. 9.30–19 Uhr, sonst 10–12 und 14–17.30 Uhr; 1. Jan.–6. Febr. geschl.
Tgl. max. 2000 Besucher
Eintritt 50 FF, Kinder 20 FF
Montignac liegt rund 60 km östlich von Périgueux (N 89, D 704)

Sarlat-la-Canéda ■ G 6

Filmvorrat mitnehmen! Wer kann zu all den Fotomotiven in diesem mediävalen Städtchen schon nein sagen? Ein Erkerchen hier, ein lauschiges Plätzchen dort, Torbögen, Patios, Fontänen, Rosenstöcke an

In Lascaux II sind 17 000 Jahre alte Felsenbilder nachgebildet worden

Mauern, efeuumrankte Häuserzeilen. In einem der schönsten Städtchen der Dordogne macht es einfach Spaß, sich ab der zentralen Place de la Liberté und der **Cathédrale Saint-Sacerdos** durch die Gassen treiben zu lassen.

Ca. 85 Straßenkilometer südöstlich von Périgueux (N 89, D 704). Wer den Ausflug mit Les Eyzies kombiniert (siehe dort), kann ab Sarlat auf halbem Weg dorthin (auf der D 47) noch das mittelalterliche **Château de Puymartin** besuchen.

Service

Auskunft

Office du Tourisme
Place de la Liberté
24203 Sarlat-la-Canéda
Tel. 05 53 59 27 67
Fax 05 53 59 19 44

Rauhe Inseln, sanfte Strände, Höhlen, Bergdörfer, Fischerorte. Die vielgesichtigen Landstriche zwischen Loire und Adour warten auf Entdeckung.

Wer auf Besichtigungstouren gehen will, setzt aufs eigene Fahrzeug – wie die meisten Urlauber. Busse und Bahnen sind kaum als Alternativen geeignet. Nehmen wir als Beispiel den ersten Routenvorschlag »Jadeküste und Küste des Lichts«. Gut, den Startpunkt Pornic kann man im Sommer ab Nantes mit dem Zug erreichen. Auch St-Gilles-Croix-de-Vie ist von Nantes aus kein Problem. Aber dann? Gerade auf die kleinen Ziele zwischendurch kommt es an. Ein Stichsträßchen zu Sandstränden hier, ein Abzweig zu Dolmen dort. Nicht zu vergessen all die lauschigen Seen im Hinterland der Silberküste und die verstreuten baskischen Dörfer im Süden.

Keine Grenzen gesetzt sind den Aktivurlaubern. Wie wäre es mit einer Wanderung rund um die Ile d'Aix oder durch das Naturschutzgebiet des Leyre-Deltas bei Le Teich? Oder mit einer Radtour entlang der Silberküste von Arcachon bis Bayonne? Wer sich nicht mehrere Tage hintereinander verausgaben will, mietet sich einfach ein Velo.

Ein beliebtes Verkehrsmittel in der Region ist das Fahrrad

Jadeküste und Küste des Lichts

Beginnen wir die Tour südlich der Loiremündung mit einem Juwel an der Jadeküste: **Pornic**. Da gibt es Yacht- und Fischerhafen, Sandstrände, den gemütlichen Ortskern mit der Fußgängerzone rund um die Kirche St-Gilles, das kleine Casino und viele Restaurants an der Kaipromenade. Rund um Pornic legen zahlreiche Grabkammern, wie die **Dolmen Prédaire** und **Joselière**, Zeugnis von unseren steinzeitlichen Vorfahren ab; von der mittelalterlichen Baukunst zeugt das Wehrschloß an der Hafeneinfahrt. Vom Ortskern aus startet ein Küstenwanderweg (**La Corniche de Gourmalon**), vorbei an Ginstersträuchern und Steilfelsen, zur Plage de la Boutinardière, ein anderer (**La Corniche de la Noëveillard**) bis an die Plage du Porteau von Ste-Marie.

Ab Pornic führt die Autotour auf der D 13 durch eine grüne Ebene bis **Bourgneuf-en-Retz**, bekannt wegen des in einem trutzigen Herrenhaus untergebrachten Heimatmuseums (**Musée du Pays de Retz**). Zwischen Bourgneuf-en-Retz und Beauvoir-sur-Mer (17 Kilometer) breitet sich die weite Moorlandschaft des **Marais Breton** aus. Ab Beauvoir-sur-Mer führen zwei Wege zu unserem nächsten Ziel.

Blühende Mimosen

Die **Ile de Noirmoutier** ist entweder über die Brücke (»par le pont« auf der D 22, D 38; seit 1997 wieder gebührenpflichtig) oder den befestigten Straßendamm (»par le gois« auf der D 948) erreichbar. Aber Vorsicht: Die Meerespassage darf man nur maximal eine Stunde vor und eine Stunde nach der niedrigsten Ebbe befahren; die aktuellen Uhrzeiten des Tidenhubs stehen in Beauvoir-sur-Mer auf großen Infotafeln.

Im Mikroklima von Noirmoutier grünt und gelbt es. Kieferngürtel reichen bis an die Dünen heran, riesige Mimosenteppiche breiten sich über das Flachland. Es ist die Insel der Austern und der Salzgärten, der weiten Sandstrandbögen und der lebhaften Häfen. Zwei Drittel des 48 Quadratkilometer kleinen Eilands liegen unter Meeresniveau. Die Einwohnerzahl der Insel pendelt zwischen knapp 10 000 im Winter und 120 000 im Sommer. Bei einer Inselrundfahrt von rund 50 Kilometern steuert man die Hauptstadt **Noirmoutier** an mit ihrem trutzigen Schloß aus dem 12. Jahrhundert (mit Schloßmuseum), der Kirche St-Philippe mit ihrem von der Decke baumelnden Bootsmodell, dem Schiffbaumuseum (Musée de la Construction Navale) und dem stets munteren Ambiente zwischen der Fußgängerzone und dem Hafenkanälchen am Quai Jean Bart. Ab dem Hauptstädtchen lohnen sich Abstecher in die Kiefernwälder des **Bois de la Chaize** mit der Plage des Dames sowie ins südländisch anmutende **L'Herbau-**

dière. Die besten Strände auf Noirmoutier erstrecken sich an der West- und Südwestflanke bei **L'Epine**, **La Guérnière** und **Barbâtre**; mit angeschwemmten Algen muß man rechnen.

Rauhes Felseneiland

Wer sich reif für eine weitere Insel fühlt, kann dem nachgeben. Sowohl ab Noirmoutier (La Fosse) als auch vom Festlandsörtchen Fromentine aus herrscht reger Fähr- und Bootsverkehr hinüber auf die **Ile d'Yeu**. Maximal zehn Kilometer lang und vier Kilometer breit ist das Eiland mit der felsigen **Côte Sauvage** und den Ruinen des Alten Schlosses (**Vieux Château**) im Südwesten, dem pittoresken Hauptort **Port Joinville** und der Zitadelle im Norden, dem Großen Leuchtturm (**Grand Phare**) im Westen sowie den über die ganze Insel verstreuten Dolmen und Menhiren. Zu den populärsten Stränden rechnen **Les Soux** und **Anse des Vieilles** (zwischen den Landzungen Corbeaux und Tranche) sowie die **Plage de la Pulante** westlich von Port Joinville. Wer das wilde Grün und die stillen Wälder entdecken will, sollte sich in Port Joinville ein Fahrrad mieten.

Fischer- und Badeorte

Zurückgekehrt auf den Kontinent, setzt man die Tour ab Fromentine/Noirmoutier durch fruchtbare Ebenen Richtung Les Sables-d'Olonne fort (D 38) und kommt in den populären Familienbadeort **St-Jean-de-Monts**. Prächtige kleine Boulevards leiten durch Parkanlagen und am Meer entlang mit seinen ausgedehnten Sandstränden.

Über St-Hilaire-de-Riez führt die Route vorbei an der Küste mit abwechslungsreichen Dünen-, Sand- und Felsabschnitten bis zum Fischer- und Badeort **St-Gilles-Croix-de-Vie**. Molen schieben sich weit ins Meer hinein, farbenfroh wirken die Ziegeldächer rund um den grazilen Turm der Kirche Ste-Croix. Südlich von Stadt und Flußmündung der Vie erstreckt sich die sandige, dünenbegrenzte Grande Plage.

Sandstrände, wie die Plage de la Parée und die Plage du Marais Girard, bietet der nächste, dreizehn Kilometer von St-Gilles-Croix-de-Vie entfernte Streckenort **Brétignolles-sur-Mer**. Dünengebiete und Kiefernwälder eröffnen sich auf der weiteren Strecke über Brem-sur-Mer und Olonne-sur-Mer, bis man den maritimen Charme des größten Seebads an der Küste des Lichts spürt: in **Les Sables-d'Olonne**.

Auskunft: Größere Fremdenverkehrsämter in Pornic (Place de la Gare; Tel. 02 40 82 04 40, Fax 02 40 82 90 12), der Hauptstadt der Ile de Noirmoutier (Quai Jean Bart; Tel. 02 51 39 80 71, Tel. 02 51 39 53 16), St-Jean-de-Monts (67, esplanade de la Mer; Tel. 02 51 58 00 48, Fax 02 51 59 62 28), St-Gilles-Croix-de-Vie (Boulevard de l'Egalité; Tel. 02 51 55 03 66, Fax 02 51 55 69 60) und Les Sables-d'Olonne (→ S. 51).
Länge: ca. 150 Kilometer
Dauer: zwei bis vier Tage
Karte: → Klappe vorne

Baskische Pyrenäen

Von **Bayonne** aus nehmen Sie die N 117 nach Peyrehorade (36 Kilometer) und dort die D 33 (später D 936) nach **Sauveterre-de-Béarn**. Sie durchfahren eine stille Feld- und Wiesenlandschaft mit rustikalen Steinhäusern.

Das historische Gebiet des **Béarn** gehörte zwischen dem 10. und 16. Jahrhundert zum Herzogtum Gascogne, zur Grafschaft von Foix, zum Haus Albret und zum Königreich Navarra, ehe es 1589 endgültig an die französische Krone fiel und 1620 offiziell eingegliedert wurde. Von dieser wechselvollen Vergangenheit kündet **Sauveterre-de-Béarn**, das sich auf einem Plateau oberhalb des Flüßchens Gave d'Oloron erhebt. Vom Vorplatz der wehrhaften romanischen Kirche St-André schaut man auf die benachbarte Tour de Montréal (12./13. Jahrhundert) sowie hinunter auf die alte Flußbrücke (Pont de la Légende; 12. Jahrhundert). Aussicht auf die schneebedeckten Pyrenäengipfel hat man von der Terrasse der Hostellerie du Château.

Ab Sauveterre-de-Béarn fahren Sie etwa 1,5 Kilometer zurück und folgen in einem Rondell den Schildern nach St-Palais und St-Jean-Pied-de-Port (44 Kilometer; D 933). Bald schon werden die Buckel und Berghöcker der baskischen Pyrenäen Sie schlucken. Über **St-Palais** geht die Fahrt, vorbei an Minidörfern, eingebettet ins saftige Grün von kleinen Flußtälern. Dann Schafweiden, vereinzelt Weingärten, Getreidefelder und die große Käseverarbeitung von **Larceveau** (Fromagerie; Direktverkauf). Schilder

St-Jean-Pied-de Port ist das kulturelle Zentrum der Region Basse-Navarre

weisen auf die Angebote von Kuchen (gâteau basque) und Schafskäse (fromage de brebis). Hinter **St-Jean-le-Vieux** (Abzweig zum **Lac d'Harrieta**, kleiner See mit Tretbootverleih) erreicht man **St-Jean-Pied-de-Port**, einen der bezauberndsten Orte in den baskischen Pyrenäen.

Die Hauptstadt der Basse-Navarre

Am besten Sie lassen das Auto nahe der Place Floquet oder der Place Charles-de-Gaulle stehen und stoßen von dort in die kühlen mittelalterlichen Gassen vor. Als römische Wegstation, Etappenort der Jakobspilger, Hauptstadt der Provinz Basse-Navarre und befestigter Vorposten in den spanisch-französischen Grenzkonflikten ist St-Jean-Pied-de-Port bekannt geworden. Daher die Vielzahl der Monumente, unter denen die gotische Kirche Notre-Dame, das Bischofsgefängnis (Prison des Evêques; 13. Jahrhundert) und die unter dem königlichen Baumeister Sébastien le Prestre de Vauban im 17. Jahrhundert errichtete Zitadelle hervorstechen (Aufstieg über die Rue de la Citadelle). Vom Plateau vor der Festung bieten sich herrliche Blicke auf den Ort und das grüne Umland mit Pyrenäenspitzen wie dem rund 1000 Meter hohen **Col de Roncevaux**. Auf jenem Berg geriet 778 die von Roland angeführte Nachhut der Heere Karls des Großen in einen tödlichen Hinterhalt von Mauren und Basken. Die Tragödie jener Schlacht wurde im Chanson de Roland um 1080 von einem anonymen Verfasser aufgegriffen; es ist das älteste französische Heldengedicht. In den Souvenir-

Der Besondere Tip

Grottes de Sare Hinein ins Höhlenlabyrinth, das schon in prähistorischen Zeiten unsere Vorfahren angelockt hat. Unter gewaltigen Felsüberhängen plätschert ein Bächlein, blaue Lichter erleuchten gespenstisch den Pfad. Man sieht Fledermausspalten und Steinformationen. Dann, plötzlich, füllen Felswände sich mit Leben, erklingen fremdartige Melodien. Mit einem Ton- und Lichtspiel werden Besucher bei den Führungen durch die Grotten von Sare überrascht. Diaprojektionen auf den steinernen Leinwänden, Klänge baskischer Instrumente vom Tonband. Einfallsreich und originell – ein nicht alltäglicher Höhlenbesuch. Kleines Museum und Café vor den Grotten. Ostern–Mitte Juli 10–18 Uhr, Mitte Juli–Aug. 9.30-20 Uhr, Sept. 10-18 Uhr; in der übrigen Zeit kürzere Eintrittszeiten. Eintritt 25 FF, Kinder 10 FF ■ B 9/B 10

shops der Rue d'Uhart und der Rue d'Espagne können Sie Kuhglocken, Baskenmützen, Leinendecken und Schafswolljacken erstehen.

Facettenreiches Baskenland

Weiter geht die Tour auf der D 918 Richtung Cambo-les-Bains. Knapp 30 Kilometer hinter St-Jean-Pied-de-Port weist ein Schild links auf das Örtchen **Itxassou** mit dem **Pas de Roland** (»Rolands-Paß«). Ein rund 3,5 Kilometer langer Abstecher führt durch das verschlafene Dorf zu einem Steinbogen oberhalb von Stromschnellen der Nive. Als Ende des 8. Jahrhunderts die von Roland geführte Armee Karls des Großen an die Nive kam, blockierte ein Fels den Weg. Roland zerschlug den Stein mit seinem Wunderschwert, die Soldaten konnten passieren. So will es die Legende.

Zurückgekehrt auf die Hauptstraße, setzen Sie die Fahrt in den Thermalort **Cambo-les-Bains** fort. Sehenswert ist die etwas außerhalb gelegene **Villa Arnaga**. Hier residierte einst der Dichter und Dramatiker Edmond Rostand (1868–1918), der mit seinem »Cyrano de Bergerac« Berühmtheit erlangte.

Ab dem Zentrum in Cambo-les-Bains leitet eine fünf Kilometer lange Straße aufwärts nach **Espelette**. Das typische baskische Dorf ist seiner würzigen kleinen Paprikaschoten wegen bekannt (piments d'Espelette). Hinter Espelette windet sich das Sträßchen hinauf nach **Ainhoa** mit der dominanten Dorfkirche aus Steinquadern (innen holzgetäfelte Decke).

Fünf Kilometer trennen Ainhoa von **Sare**; dort folgen Sie den Schildern **Grottes de Sare** auf der D 306 Richtung Vera (knapp sechs Kilometer). Die Höhlen sind ebenso einen Besuch wert (→ Der Besondere Tip, S. 108) wie der bereits von hier aus auszumachende Gipfel des Berges **La Rhune**, auf den ein Zahnradzug hinauffährt (→ S. 94).

Ab Sare sind es acht Kilometer bis Ascain und nur fünfzehn bis an die Küste nach St-Jean-de-Luz. Auffällig in **Ascain**: die klobige Kirche Notre-Dame mit ihren Holzgalerien im Innern, die restaurierte romanische Brücke über die Nivelle und ein überproportionales Angebot an Fremdenzimmern.

Auf der D 918 sind es sechs Kilometer vom Ortsausgang Ascains bis St-Jean-de-Luz. Ab dort Rückfahrt über die N 10 nach Bayonne. Wer sich zum Abschluß einen kleinen Fischer- und Badeort ansehen will, sollte in Guéthary stoppen.

Auskunft: Größere Fremdenverkehrsämter in Sauveterre-de-Béarn (Place de la Mairie; Tel. 05 59 38 50 17), St-Jean-Pied-de-Port (14, place Charles-de-Gaulle; Tel. 05 59 37 03 57, Fax 05 59 37 34 91) und Cambo-les-Bains (Parc St-Joseph; Tel. 05 59 29 70 25, Fax 05 59 29 90 77).
Länge: etwa 200 Kilometer
Dauer: ein bis zwei Tage
Karte: → Klappe hinten

Die Silberküste

Unaufhaltsam Richtung Süden, von Arcachon bis zur Adour-Mündung bei Bayonne, geht die Tour, die sich auch für Pedalritter anbietet. Die Strecke bleibt flach, sieht man von einigen Hügelchen im Hinterland ab. Radwege parallel der Hauptstraße gibt es nur an einigen wenigen Abschnitten. Dafür sind manche Strecken unmittelbar an der Küste als Radpisten ausgewiesen (pistes cyclables) bzw. folgen dem Fernwanderweg Grande Randonnée 8 und ersparen so die stetigen Schleifen durchs Inland (es gibt keine durchgängige Küstenstraße). Dennoch bleibt man vom Radeln auf der Straße nicht verschont; in der Hauptsaison werden manche den starken Verkehr als Nachteil empfinden. Wer Rad- und Autofahren kombinieren will, leiht sich einfach ein Velo (viele Anbieter in den Ferienorten). Wegbegleiter für alle bleiben das größte Waldgebiet und die längste zusammenhängende Sandstrandküste Frankreichs.

Zur höchsten Düne Frankreichs

In Arcachon folgt man den Schildern Dune du Pilat, kommt nach wenigen Kilometern in das grüne Park- und Villenörtchen **Pyla-sur-Mer** und wird an einem Rondell am Ortsausgang rechts auf den Großparkplatz an der Düne gelotst (gebührenpflichtig). An Brasserien, Bars und Geschäften im Holzhüttenstil führt der Fußweg hin zum Dünenbuckel.

Plötzlich taucht sie vor einem auf, als mächtige Sandwand, umgeben vom Grün der Kiefernwäl-

Eine der Attraktionen entlang der französischen Atlantikküste: die Dune du Pilat

der: die **Dune du Pilat**. Mit ihren 118 Metern Höhe, 2,7 Kilometern Länge und 500 Metern Breite ist sie die größte Düne des Landes. Jetzt heißt es Schuhe aus und steil hinauf durch den weißen, feinen Sand. Man sinkt ein, rutscht weg, kämpft sich voran. Die Aufstiegsmühen werden mit unvergeßlichen Blicken belohnt: über die weiten Kiefernwälder, den Atlantik und das Bassin d'Arcachon. Am schönsten ist es am Abend, wenn die meisten Besucher längst weg sind und nur ihre Fußspuren hinterlassen haben. Wer mag, kann die »Gipfellandschaft« der Düne mit ihren Windmaserungen im Sand sowie den vielen Buckeln und Höckern weiter erkunden und zur Meeresseite hin absteigen. Was heißt absteigen? Ein Riesenspaß, speziell für Kinder, ist es, sich abwärts zu rollen oder die Sandwände in großen Sätzen hinabzuhüpfen...

TOPTEN 10

Weite Strände, kleine Häfen, Binnenseen und Kiefernwälder

Ab der Dune du Pilat geht es durch frisch duftenden Kiefernforst und vorbei an zahlreichen Campingplätzen bis **Biscarrosse-Plage**. Ein schöner Ferienort nach dem Muster Sandstrand – Dünen – Kiefernforst. Wie in vielen Orten, so wird auch hier bei Flut der Strand stark vom Wasser eingenommen.

Von Biscarrosse-Plage aus fährt man etwa zwei Kilometer auf der Hinfahrtstrecke zurück und nimmt im Kreisverkehr den Abzweig nach Maguide-Ispes. Nach wenigen Kilometern taucht links der **Etang de Cazaux et de Sanguinet** auf, ein herrlicher kleiner See mit Campingplatz und Yachthafen in **Port-Maguide**. Man folgt der Seerandstraße über Navarrosse (zwei kleine Häfen) und erreicht **Biscarrosse** mit seinem Historischen Museum der Wasserflugtechnik (Musée Historique de l'Hydraviation; 323, avenue Louis Bréguet) und dem Zugang zum fischreichen **Etang de Biscarrosse et de Parentis**. Ebenfalls an diesem 3600 Hektar großen und unter Wassersportlern beliebten See gelegen ist **Parentis-en-Born**, das man ab Biscarrosse auf der D 652 erreicht. In den fünfziger Jahren wurde hier Erdöl entdeckt; über Suche und Förderung gibt das von Esso-Rep unterhaltene Erdölmuseum Aufschluß (Musée du Pétrole; Route du Lac).

Durch herrliche Kiefernwälder führt die Weiterfahrt über das See- und Hafenörtchen Gastes (Campingplätze) und Ste-Eulalie-en-Born Richtung Mimizan-Plage. An einer Gabelung hinter Ste-Eulalie-en-Born folgt man der D 87 Richtung Mimizan. Zwischen Farnen und Kiefern sieht man ihn bald durchschimmern: den **Etang de Mimizan** (auch Etang d'Aureilhan), an dessen Ufern man eine gemütliche Rast einschieben kann. Manch einer fühlt sich hier in skandinavische Wald- und Seengebiete versetzt.

Anziehend und abstoßend zugleich wirkt Mimizan. Schandfleck in **Mimizan-Ville** ist die Papierfabrik. Deren beißender Gestank ist sechs Kilometer westwärts an den schönen weitläufigen Sandstränden von **Mimizan-Plage** vom Winde verweht. Großzügig angelegt ist das Örtchen, das mit einer Vielzahl an Hotels, Restaurants, Appartements, Diskotheken und Bars sowie einer Surfschule und einem Reitzentrum aufwartet. Das Leben konzentriert sich rund um die Place du Marché. Der Nord- ist vom Südstrand durch den Meereskanal (Le Courant) getrennt. Vom Altort sind einzig Ruinen der jüngst restaurierten Benediktinerabtei aus dem 11. bis 13. Jahrhundert erhalten (neben dem Heimatmuseum an der Rue de l'Abbaye).

16 Kilometer trennen Mimizan auf der D 652 von **St-Julien-en-Born**. Vor der Ortseinfahrt sollte man rechts nach **Contis-Plage** abbiegen (D 41; acht Kilometer; Campingareale) und somit eine erneute Schleife an die Küste einschieben. Beidseits des dünenbegrenzten Ortes mit seinem markanten Leuchtturm eröffnen sich wunderbare Weiten von Sandstränden. Von Contis-Plage fährt man ein Stückchen Richtung St-Julien-en-Born zurück und nimmt an einer Gabelung die Straße rechts nach **Lit-et-Mixe** (neun Kilometer), wo man wieder die Hauptachse D 652 erreicht.

Ginstersträucher und Kiefernwälder prägen den Weg nach **St-Girons**, ab dem sich ein erneuter Küstenabstecher nach **St-Girons-Plage** lohnt (fünf Kilometer; kleine Steigungen). Bars, Restaurants und Brasseries warten in den Dünen und vor dem Zugang zum Sandstrand auf die Besucher. Baden ist aufgrund der Strömungen jedoch zu gefährlich; außerhalb der Sommersaison wirkt St-Girons-Plage schlichtweg tot.

Vielle-St-Girons und **Léon** heißen die nächsten Stationen hinter St-Girons. Von hier aus erreicht man den kleinen, ins Grün eingebetteten **Etang de Léon**, der bei Wassersportlern hoch im Kurs steht (Baden, Segeln, Surfen). Hinter Léon bleiben Kiefernwälder die treuen Begleiter auf der Strecke nach **Vieux-Boucau**, ein heimeliges Ferienzentrum mit dem Uferrandweg am künstlich angelegten **Lac Marin** (60 Hektar) und der netten Fußgängerzone (Promenade du Mail). In Boutiquen sieht man die neueste Bademode, in den Terrassencafés und Eisdielen an der Mail kann man sich gemütlich niederlassen.

Vieux-Boucau hieß vormals Port d'Albret, lag an der Adour-Mündung und war der wichtigste Hafen der Silberküste. Bereits 1578 wurde der Fluß weiter südlich umgeleitet, Port d'Albret versank in der Bedeutungslosigkeit und lebte erst in den dreißiger Jahren als Touristenort Vieux-Boucau wieder auf. Der Kanalauslauf unterteilt die Strände in Nord- und Südzone.

Rund sechs Kilometer ins Landesinnere sind es von Vieux-Boucau nach **Soustons**. Das einladende Örtchen ist an der Südspitze des über 700 Hektar großen **Etang de Soustons** gelegen. Auf der Esplanade vor der Touristeninformation wurde Mitte 1996 das Mémorial François Mitterrand eingeweiht. Eine überlebensgroße Bronzeskulptur von Jacques Raoult erinnert an den ehemaligen Staatspräsidenten, der zwischen 1965 und seinem Todesjahr 1996 auf einem Landhaus ganz in der Nähe wohnte (Bergerie de Latche).

Man verläßt Soustons auf der D 652 und nimmt nach einigen Kilometern einen unscheinbaren Rechts-Abzweig: auf der engen D 189 Richtung Etang Blanc und Réserve de l'Etang Noir. Plötzlich taucht, ein wenig versteckt und von winzigen Inseln besetzt, der **Etang Blanc** auf. An den seichten Uferrregionen des »Weißen Sees« findet man gute Badestellen; am Ufer Verleih von Tretbooten. Auf der Seerandstraße geht es weiter, und an zwei T-Kreuzungen zweigt man jeweils links ab nach **Seignosse**.

Am Ortsrand von Seignosse gelangt man an den **Etang Noir**, den kleinen »Schwarzen See«, der zum Naturschutzgebiet erklärt worden ist. Mehrere Stichsträßchen leiten von Seignosse an die herrlichen weiten Sandstrände von **Seignosse-Le Penon**. Im Süden gehen die Strandzonen (auch FKK) in jene des benachbarten Ferienzentrums **Hossegor** über. Der Meereskanal (Canal d'Hossegor) und der langgestreckte Salzwassersee (Lac Marin) zweiteilen den Ort.

Eine Wasserlinie zwischen Hossegor und dem südlichen **Capbreton** zieht der Boucarot-Kanal. Von der Capbreton-Seite her erreicht man einen der schönsten Yacht- und Fischerhäfen an der gesamten Küste. Ein angenehmer Spaziergang führt an der Hafeneinfahrt hinaus auf den Steg bis zum Leuchtturm. Da kann man den Anglern zusehen, dem Wellenschlag lauschen oder einfach den Blick genießen bis zum Horizont. Das kleine Casino von Capbreton liegt an der Avenue de la Plage neben dem Ecomusée de la Mer.

Capbreton ist die letzte wichtige Station der Tour, bevor man bei Labenne die N 10 erreicht, die über Ondres und Tarnos (jeweils Stichsträßchen zu Stränden nahe der Adour-Mündung) bis nach Bayonne führt.

Auskunft: Größere Fremdenverkehrsämter in Biscarrosse-Plage (439, avenue de la Plage; Tel. 05 58 78 20 96, Fax 05 58 78 23 65), Mimizan-Plage (38, avenue Maurice Martin; Tel. 05 58 09 11 20, Fax 05 58 09 40 31), Vieux Boucau (Promenade du Mail; Tel. 05 58 48 13 47, Fax 05 58 48 15 37), Soustons (Grange de Labouyrie; Tel. 05 58 41 52 62, Fax 05 58 41 30 63) und Capbreton (Avenue Georges Pompidou; Tel. 05 58 72 12 11, Fax 05 58 41 00 29).
Dauer: zwei bis drei Tage für Autofahrer; drei bis sechs Tage für Radler, je nach Kraft und Lust auf Abstecher
Länge: ca. 200 Kilometer
Karte: → Klappe hinten

Rund um die Ile d'Aix

■ C4

Wer den Sprenkel aus Sand und Wald in aller Ruhe entdecken will, wählt Schusters Rappen. Start des Inselrundgangs (nicht markiert; entgegen dem Uhrzeigersinn) ist die Bootsanlegestelle am **Quai d'Acadie**. Der Stadtmauerring schluckt den Wanderer auf einem Zugbrückchen und spuckt ihn am Ende der Dorfstraße (Rue Gourgaud, Rue de l'Hôtel de Ville) auf zwei weiteren Brücken über die Wassergräben wieder aus. Die befestigte Straße schlägt einen Bogen um die weite **Plage aux Coquillages** und geht später in einen schmaleren Weg über. Ferienhäuschen reiht sich an Ferienhäuschen. An Gabelungen hält man sich so lange rechts – das Meer stets im Blick –, bis der Pfad vor einem Muschelstrand einen scharfen Linksknick macht und sich durch die gelb-grüne Farbenpracht von Ginstersträuchern und Pinien durch das Innere auf die andere Inselseite schlängelt.

Rauhe Küsten, grüne Wälder

Mal knirschen und knacken Muscheln und Austernschalen unter Schuhsohlen, mal federt man leicht über den Forstboden. In klarer Waldesfrische und unter den Blätterdächern von Eichen hindurch wandert man an der **Baby-Plage** vorbei und durch das kleine Naturschutzgebiet **Liédot-Coudepont**. Zerklüftet und rauh präsentieren sich nun manche Küstenabschnitte. Unbeirrt hält man sich auf dem Pfad parallel zur Meereslinie, der kurzzeitig auf die Straße mündet und dann auf dem Mauerwall bis zur sandigen Weite der **Grande Plage** weiterläuft. Bald geraten die Festungsmauern des Ortes ins Blickfeld und die beiden Leuchttürme über den saftigen Wiesen am **Fort La Rade**. Über die Zugbrücke schlägt man den Weg zurück ins Dorf ein – und kann sich mit einer Straßencafé-Rast in der Rue Gourgaud belohnen.

Anfahrt: Passagierboote ab/bis La Rochelle (Esplanade St-Jean-d'Acre; April–Sept.), Fouras (Pointe de la Fumée; ganzjährig), Ile de Ré (Sablanceaux; Juni–Sept.), Ile d'Oléron (Boyardville-Plage; Mai–Sept.) und La-Tranche-sur-Mer (Juli–Aug.).
Dauer: zwei bis drei Stunden für den Rundgang von ca. acht km. Insgesamt kann man die Insel, inklusive der Bootspassagen und weiterer Besichtigungen, als Tagesausflug einplanen.

Durch das Naturschutzgebiet des Leyre-Deltas bei Le Teich

■ C 7

Wer Sumpf- und Flußlandschaften erleben will, durchwandert das Naturschutzgebiet des Leyre-Deltas bei Le Teich. Start- und Endpunkt ist das etwa zwei Kilometer außerhalb des Ortskerns gelegene Naturkundehaus. Ab dem Parkplatz folgt man dem ausgeschilderten Fußweg Richtung **Parc Ornithologique** (Vogelpark). Bald löst Vogelgezwitscher den Verkehrslärm ab. Rechter Hand taucht das stille Flüßchen auf, an das die dichte Ufervegetation grenzt. Den Flußbiegungen folgt der angenehme Waldweg, der über Wurzelwerk, die hölzerne Chevrons-Brücke und ein weiteres Brückchen dem Parc Ornithologique entgegenführt.

Ein Stück unverdorbene Natur

Unter den Blätterdächern von Eichen hindurch geht es bis zu einem Landwirtschaftsweg, an dem man nicht nach links Richtung Vogelpark geht, sondern geradeaus den Schildern Richtung **Fleury** folgt. An Kanälen und Wasserarmen eröffnen sich weite grüne Zonen, die an norddeutsche Deichlandschaften erinnern. Man sieht friedlich weidende Rinder, grasende Pferde und – mit Glück – Vertreter der reichen Vogelwelt. Schwäne und Enten gibt es hier, aber auch Fischreiher, Blaukehlchen und Weißstörche.

Der Pfad windet sich über Wiesenstücke und kleine Brücken. Zu verfehlen ist er eigentlich nicht; zur Sicherheit weisen farbmarkierte Holzpflöcke den Weg.

Voller Leben stecken die Wassergebiete beidseits des unebenen Weges. Vögel, Frösche, Insekten. Überall ein Zwitschen, Schnattern, Zirpen und Rascheln. In Gelb und Violett breiten sich Teppiche aus Moorpflanzen aus. Man schlängelt sich zwischen mehreren doppelten Holzzäunen hindurch, bis der schmale Pfad den Kreis kurz vor der altbekannten **Chevrons-Brücke** schließt. An der Gabelung links und die restlichen 2,5 Kilometer zurück zum Naturkundehaus.

Anfahrt: Das Naturkundehaus (Relais Nature du Delta de la Leyre) von Le Teich liegt im Vorort Lamothe direkt an der D 650, Richtung Bidarnos.
Auskunft: im Naturkundehaus und im Office du Tourisme von Le Teich (Place Pierre Dubernet; Tel. 05 56 22 80 46; Fax 05 56 22 89 65)
Dauer: mindestens zweieinhalb Stunden für den Rundgang von ca. zehn km. Naturliebhaber und Vogelkundler können leicht einen halben Tag dort verbringen.
Tips: Im Sommer vorsichtshalber Mückenschutz mitbringen, bei regnerischem Wetter bieten sich Stiefel an. Fernglas für Vogelbeobachtungen.

Auskunft

In jeder Département-Hauptstadt und in größeren Orten, die auf Besucher eingestellt sind, findet man ein **Office du Tourisme, Syndicat d'Initiative** oder **Comité/Office Départemental de Tourisme**. Die Öffnungszeiten der Büros sind uneinheitlich. Kernzeit ist häufig Mo–Fr 9–12 und 14–18 Uhr; in wichtigen Ferienorten kann das Büro in der Hauptsaison selbst samstags und sonntags durchgängig geöffnet bleiben.

Französische Fremdenverkehrsämter

In Deutschland
Westendstr. 47
60325 Frankfurt am Main
Tel. 069/75608 30, Fax 069/752187

Keithstr. 2–4
10787 Berlin
Tel. 030/2182064
Fax 030/2141238

In Österreich
Argentinier Straße 41 A
1040 Wien
Tel. 0222/750328 90
Fax 0222/5032871

In der Schweiz
2, rue Thalberg
1201 Genève
Tel. 022/328610
Löwenstr. 59
8023 Zürich
Tel. 01/2213561, Fax 01/2121644

Bevölkerung

Bordeaux ist mit über 650000 Einwohnern die größte Stadt Südwestfrankreichs. Sieht man von der Gegend um Bordeaux und BAB (steht für das Städtedreieck Bayonne – Anglet – Biarritz) einmal ab, so sind Küsten- und Hinterlandzonen relativ dünn besiedelt. In der Dordogne wohnen durchschnittlich weniger als 50 Menschen auf einem Quadratkilometer.

Camping

Die einfachsten Areale liegen auf dem Bauernhof (**camping à la ferme**; oft zu sehen in der Dordogne und im Hinterland der Silberküste). Relativ teuer sind Vier-Sterne-Luxusplätze. Auf Campingplätzen sollte man sich spätestens bis 18.30/19 Uhr (Nebensaison) und 19.30/20 Uhr (Hauptsaison) einfinden, da ansonsten Büro und Zufahrt verschlossen sein können. Während zwei Personen auf dem Bauernhof schon für 30 FF campieren können, erreichen die Preise auf den besten Campingplätzen in der Hauptsaison 200 FF pro Nacht.

ADAC
Am Westpark 8
81373 München
Tel. 089/7676-0

Deutscher Camping-Club (DDC)
Mandlstr. 28
80802 München
Tel. 089/3801420

Diplomatische Vertretungen

In Deutschland
Französische Botschaft
An der Marienkapelle 3
53179 Bonn
Tel. 0228/362031, Fax 0228/361758

In Österreich
Französische Botschaft
Technikerstr. 2
1040 Wien
Tel. 0222/50547470
Fax 0222/5321315

In der Schweiz
Französische Botschaft
Schloßhaldenstr. 46
3006 Bern
Tel. 031/3512424
Fax 031/3520526

In Frankreich
Deutsche Botschaft
13, avenue Franklin D. Roosevelt
75008 Paris
Tel. 0142997800
Fax 0143597418

Österreichische Botschaft
12, rue Edmond Valentin
75007 Paris
Tel. 0147052717, Fax 0145559150

Schweizer Botschaft
142, rue de Grenelle
75007 Paris
Tel. 0149/556700
Fax 0145/513477

Feiertage

1. Januar	Neujahr
Ostermontag	
1. Mai	Tag der Arbeit
8. Mai	Gedenktag Ende des Zweiten Weltkrieges
14. Juli	Nationalfeiertag
15. August	Mariä Himmelfahrt
1. November	Allerheiligen
11. November	Gedenktag Waffenstillstand 1918
25. Dezember	Weihnachten

Fernsehen

TV-Geräte gehören in Zimmern der gehobeneren Hotelklassen zum Standard; bei Kabel- oder Satellitenanschluß kann man selbst deutsche Programme empfangen. Camper sollten einen Multinorm-Fernseher mitbringen, der auf Secam-West umgeschaltet werden kann.

FKK

Nur an einsameren Stränden, in abgelegenen Buchten oder in speziell markierten Strandbereichen (**plage des naturistes**) läßt man ganz die Hüllen fallen. »Oben ohne« ist an den Küstenstreifen recht weit verbreitet. An der Atlantikküste und in der Dordogne haben sich einige Ferienzentren und Campingplätze (z. B. in Ladouze, Le Porge, Saint-Vivien-du-Médoc, Vielle Saint-Girons) auf Anhänger der Freikörperkultur (**naturisme**) eingestellt.

Fotografieren

Man sollte genügend Fotomaterial mitbringen; die Preise für Filme liegen in der Regel über denen in deutschsprachigen Landen.

Geld

Der Französische Franc (FF) ist in 100 centimes (c) unterteilt. Es gibt Münzen zu 5, 10 und 20 c sowie zu 1/2, 1, 2, 5, 10 und 20 FF. In Umlauf sind Scheine im Wert zu 20, 50, 100, 200 und 500 FF.

Da in französischen Banken und Wechselstuben beim Tausch von Bargeld und der Einlösung von **Eurocheques** recht hohe Gebühren anfallen können, sollte man sich vor Reiseantritt mit einer ausreichenden Menge an FF eindecken. Eine gute Alternative zum Bargeld ist die Mitnahme eines **Sparbuchs der Deutschen Postbank**; in nahezu jedem Postamt bekommt man gebührenfrei FF zum Tageskurs ausgezahlt (umgerechnet minimal 200 DM bzw. maximal 1000 DM pro Tag und 2000 DM pro Kalendermonat).

Kreditkarten (z. B. Visa, Mastercard/Eurocard, American Express, Diners) sind verbreitet; damit kann man in zahlreichen Restaurants, Geschäften, Hotels, Tankstellen sowie bei Tourveranstaltern und an Mautstellen bezahlen. Mit gängigen Kreditkarten (mit PIN-Code) kann man von **Geldautomaten** FF abheben (Gebühren: etwa 5 % des ausgezahlten Betrags).

Banken haben in der Regel Mo–Fr von 9.30–12 und 14–16.30 Uhr geöffnet.

1 DM = 3,33 FF
1 sFr = 4 FF
1 öS = 0,49 FF

Kleidung

Trotz angenehmer Sommertemperaturen und viel Sonne kann es – insbesondere im Baskenland – zu Niederschlägen und heftigen Brisen kommen; in Richtung Zentralmassiv und Pyrenäen wird es ohnehin kühler. Vorsorglich sollte Regenschutz ebensowenig im Gepäck fehlen wie Windjacke und warmer Pullover. Wer ins Casino geht, muß an elegante Garderobe denken.

Kuren

Was für Kaiserin Eugénie und den europäischen Adel im 19. Jh. gut war, hat in den letzten drei Jahrzehnten eine große Renaissance erlebt: die Thalassotherapie, die Meerwasserkur. Bekannte Kurhotels findet man u. a. in Anglet, Biarritz, Royan, St-Jean-de-Luz, auf der Ile d'Oléron und in Châtelaillon-Plage. An der nördlichen Atlantikküste stechen Hotel-Kuranlagen in St-Jean-de-Monts, Les Sables-d'Olonne und Pornic hervor.

Bekanntestes Süßwasser-Kurzentrum ist Dax. Dort gibt es alleine 18 Thermalhotels.

Medizinische Versorgung

Beim bestehenden Versicherungsabkommen zwischen Frankreich und Deutschland/Österreich bezahlt der Urlauber ärztliche Leistungen und verordnete Medikamente zunächst selbst und reicht die Quittungen bei der Krankenkasse daheim

Wechselkurs-Umrechnungstabelle

FF	DM	sFr	ÖS
1	0,30	0,25	2,10
5	1,50	1,25	10,50
10	3,00	2,50	21,00
20	6,00	5,00	42,00
30	9,00	7,50	63,00
50	15,00	12,50	105,00
100	30,00	25,00	210,00
250	75,00	62,50	525,00
500	150,00	125,00	1050,00
750	225,00	187,50	1575,00
1000	300,00	250,00	2100,00

Stand: November 1996

ein. Für die Kostenerstattung muß man sich bei seiner Krankenkasse vorab einen Vordruck besorgen (E 111 für Deutsche, SE 11 007 für Österreicher). Zu überlegen ist, ob man einen zusätzlichen Auslands-Krankenschutz abschließt.

Französische Apotheken (**pharmacies**) erkennt man am grünen Kreuz an der Hauswand.

Naturparks

Im Zielgebiet und dessen Randzonen liegen bedeutende französische Naturschutzgebiete wie der Parc Naturel Regional Marais Poitevin, der Parc Naturel Regional des Landes de Gascogne sowie der Pyrenäen-Nationalpark. Informationen vermitteln die lokalen Touristenbüros sowie folgende Institution:

Fédération des Parcs Naturels Régionaux de France
4, rue de Stockholm
75008 Paris
Tel. 01 44/90 86 20
Fax 01 45/22 70 78

Notruf

Landesweit gelten die Notrufnummern 17 für Polizei (**police**) und 18 für Feuerwehr (**pompiers**).

Politik

Vor allem in Richtung Baskenland/Pyrenäen kann es politisch lebhafter werden. Immer wieder sind Schlupfwinkel von Anhängern der baskischen Terrororganisation **ETA** in abgeschiedenen Dörfern des Hinterlands aufgespürt worden. Gemeinhin zeigen sich die französischen Basken weit weniger radikal, militant und nach Autonomie strebend als die benachbarten Spanier.

Post

Postämter (PTT) größerer Städte haben in der Regel Mo–Fr von 9–18 und Sa 9–12 Uhr geöffnet; gelegentlich Mittagspause von 12–14 Uhr. Briefmarken erhält man auch in Tabakläden (**bureaux de tabac**). Das Porto für Briefe (bis 20 g) und Postkarten ins europäische Ausland liegt nach letztem Stand bei jeweils 3 FF.

Reisedokumente

Personalausweis oder Reisepaß genügt. Die Kontrollen der Grenzer beschränken sich innerhalb der EU auf Stichproben.

Reisewetter

Acht Sonnenstunden im Tagesdurchschnitt weist die Atlantikküste zwischen Anfang Juni und Septemberbeginn auf. Badefreuden setzen selbst im Hochsommer einen gewissen Abhärtungsgrad voraus, denn die Temperatur des Ozeans übersteigt selten 19° C. Zu den ruhigen, empfehlenswerteren Urlaubsmonaten rechnen Mai, Juni, September und Oktober. In den Pyrenäen (z. B. im Gebiet um Larrau und St-Jean-Pied-de-Port) ist Wintersport möglich.

Sprache

Wer Französisch spricht, wird auf die größte Gegenliebe unter Einheimischen stoßen. Im Gegensatz zum geschmeidigen Französisch klingt das Baskische (**euskara**) hart und fremdartig. Die Wurzeln dieser nicht-indogermanischen Sprache verlieren sich im Dunkel der Geschichte.
Es gibt Zeitungen sowie Radio- und Fernsehprogramme auf baskisch. Euskara wird an Schulen unterrichtet und an Universitäten gelehrt.

Telefon

Selbst in den kleinsten, abgelegensten Orten finden sich nur noch Kartentelefone. Telefonkarten (**télécartes**) der France Télécom gibt es zu 50 oder 120 Einheiten (1 Einheit = 0,80 FF). Sie sind erhältlich in Postämtern und Tabakläden sowie Verkaufsstellen, die mit »Télécartes en vente ici« gekennzeichnet sind (Tankstellen, Restaurants, Hotels etc.). Preiswertere Tarife ins Ausland an Sonn- und Feiertagen, Sa nach 14 Uhr sowie an Werktagen von 21.30–8 Uhr.

Vorwahlen
D, A , CH → F: 00 33
F → D: 00 49
F → A: 00 43
F → CH: 00 41
Zu beachten ist, daß bei Gesprächen ab Frankreich die Null der Ortsnetzkennzahl entfällt.

Ende 1996 ist das gesamte französische Telefonsystem von acht auf zehn Nummern umgestellt worden. Die bisherigen Nummern tragen zusätzlich vorne die 01 (Ile de France), 02 (Nordwest), 03 (Nordost), 04 (Südost) und 05 (Südwest). Man wählt stets zehn Nummern, ganz gleich, ob bei Orts- oder Ferngesprächen.

Tiere

Häufig gilt in Badeorten für Hunde Strandverbot. In Hotels (vorher erkundigen, ob Hunde erlaubt sind), auf Campingplätzen und bei touristischen Attraktionen wird für die vierbeinigen Freunde oft zusätzlich kassiert.

Trinkgeld

Ein **pourboire** ist bei Kellnern, Pagen, Parkplatzwächtern, Taxifahrern, Garderobefrauen, Zimmermädchen, Friseuren, Fremdenführern etc. immer gern gesehen. Im Restaurant zahlt man bis zu zehn Prozent, selbst wenn das Bedienungsgeld in der Rechnung inbegriffen ist.

Die genauen Klimadaten von **Bordeaux**

	Durchschnittliche Temperaturen in °C		Sonnenstunden pro Tag	Regentage	Wassertemperatur in °C
	Tag	Nacht			
Januar	9,2	1,7	2,6	16	12
Februar	10,5	2,0	3,9	13	11
März	14,9	4,2	5,5	13	12
April	17,3	8,1	7,0	13	13
Mai	20,3	9,1	7,5	14	15
Juni	23,7	12,2	8,2	11	17
Juli	25,4	13,7	8,0	11	18
August	25,7	13,6	8,0	12	19
September	23,1	12,0	6,6	13	19
Oktober	18,1	8,2	5,0	14	17
November	12,7	4,7	2,9	15	15
Dezember	9,3	2,5	1,8	17	14

Quelle: Deutscher Wetterdienst, Offenbach

Verwaltung

Das Zielgebiet umfaßt weite Teile der drei Großregionen Pays de la Loire, Poitou-Charentes und Aquitaine bzw. der darin aufgehenden Départements Vendée (6720 km^2; Hauptstadt: La Roche-sur-Yon), Charente (5956 km^2; Hauptstadt: Angoulême), Charente-Maritime (6864 km^2; Hauptstadt: La Rochelle), Dordogne (9060 km^2; Hauptstadt: Périgueux), Gironde (10 000 km^2; Hauptstadt: Bordeaux), Landes (9242 km^2; Hauptstadt: Mont-de-Marsan), Lot-et-Garonne (5361 km^2; Hauptstadt: Agen) sowie Pyrenées-Atlantiques (7645 km^2; Hauptstadt: Pau). Hinzukommen historische Gebiete wie das zu den Regionen Poitou-Charentes und Pays de la Loire rechnende Poitou und das Südteile von Aquitaine umfassende Baskenland (Pays Basque). Périgord heißt jenes historische Gebiet im nordöstlichen aquitanischen Becken, das in der Verwaltung als Département Dordogne geführt wird.

Wirtschaft

Tourismus und Landwirtschaft – vor allem die Weinproduktion um Bordeaux – gelten als wirtschaftliche Stützpfeiler in den Zonen der Atlantikküste. Zu den Anbaukulturen rechnen Getreide, Tabak, Gemüse und Obst. Als kleinbäuerlich geprägte Zone ist die Dordogne bekannt. Kultiviert werden in erster Linie Getreide und Gemüse, aber auch Wein und Walnüsse. Die Zone um Bergerac ist für ihre Tabakkulturen bekannt. Wichtigste Handels-, Hafen- und Industriestadt der Küste ist Bordeaux. Hier findet man außer dem traditionsreichen Weinhandel auch Schiffbauzentren, Erdölverarbeitung, Nahrungs-, Genußmittel-, Elektro- und Zementindustrie sowie chemische und petrochemische Werke. Als weitere bedeutende Hafenstadt fungiert La Rochelle; als regional führend im Druckereigewerbe und der Papierindustrie gilt Angoulême. An der gesamten Küste werden Meeresfrüchte gefördert, zuvorderst Austern und Miesmuscheln.

Zeit

Maßgeblich ist die mitteleuropäische Zeit MEZ.

Zeitungen

Die bekannteste Regionalzeitung heißt Sud-Ouest (Erscheinungsort Bordeaux). In der **maison de la presse** jeden größeren Ortes erhält man sowohl Lokal- als auch überregionale französische Blätter wie Le Monde, Le Figaro und Libération.

Zoll

Frankreich gehört der EU an, dennoch dürfen Waren auch für den Privatgebrauch nicht unbegrenzt nach Deutschland und Österreich eingeführt werden. Ab bestimmten Mengen gehen die Zöllner davon aus, daß mit den Waren gehandelt wird. Es gelten folgende Grenzen für Reisende ab 17 Jahren: 800 Zigaretten, 400 Zigarillos, 200 Zigarren, 1 kg Tabak, 10 l Spirituosen, 20 l Likörwein, 90 l Wein bzw. 60 l Schaumwein, 110 l Bier. Die Warenwert-Freigrenze liegt in Deutschland bei 350 DM. Was den Wert übersteigt, muß verzollt werden. Für Schweizer und für den Duty-free-Einkauf gelten die folgenden Mengenbeschränkungen: 50 g Parfüm oder 0,25 l Eau de Toilette, 1 l Spirituosen oder 2 l Wein, 200 Zigaretten oder 100 Zigarillos oder 50 Zigarren oder 250 g Tabak.

20 000–15 000 v. Chr.
Zahlreiche Höhlen im Tal der Vézère werden von Menschen genutzt; in Grotten wie Lascaux und Font-de-Gaume hinterlassen sie Zeugnisse ihrer Kunst in Stein.

Ab 4000 v. Chr.
Kultische Errichtung von Dolmen und Menhiren als Grabdenkmäler, insbesondere in den Übergangszonen zur Bretagne.

Ab 600 v. Chr.
Ausdehnung der Kelten in Frankreich.

56 v. Chr.
Eroberung Aquitaniens (ein Teil Galliens) durch Gajus Julius Caesar; Ende der Kelten-Kultur.

1.–4 Jh. n. Chr.
Romanisierung und Christianisierung des Landes.

418
Westgoten besetzen Aquitanien.

507–508
Chlodwig I. dehnt das Fränkische Reich aus, faßt Aquitanien mit ein und macht Paris zum Mittelpunkt.

732
In der Schlacht von Tours und Poitiers Sieg von Karl Martell über die vorgedrungenen Mauren.

Ab 768
Erweiterung des Frankenreiches unter Karl dem Großen, Aquitanien muß sich unterwerfen.

Ab dem 9./10. Jh.
Nach der Entdeckung des Apostelgrabes von Jakobus dem Älteren im spanischen Santiago de Compostela Beginn der Pilgerzüge dorthin; viele Stationen in Südwestfrankreich.

1137
Die Erbtochter Wilhelm X. von Aquitanien, Eleonore, ehelicht König Ludwig VII. von Frankreich. Als Mitgift bringt sie u. a. das Périgord, die Gascogne und das Poitou mit ein.

1152
Annullierung der Ehe zwischen König Ludwig VII. von Frankreich und Eleonore von Aquitanien. Zweite Heirat der Eleonore (1122–1204) mit Heinrich Plantagenet (1133–1189), Graf von Anjou und ab 1154 König Heinrich II. von England. Dadurch fallen große Teile Frankreichs an England – die Konflikte erstrecken sich über mehrere Jahrhunderte.

Ab 1189
König Richard I. Löwenherz (1157–1199), Sohn von Eleonore und Heinrich II., verteidigt den englischen Festlandsbesitz gegen französische Ansprüche.

1337
Beginn des Hundertjährigen Krieges zwischen Frankreich und England.

1362
Eduard, Prinz von Wales (»Der schwarze Prinz«), erhält als Herzog von Aquitanien die englischen Besitzungen in Südwestfrankreich.

1451
Nach langer englischer Fremdherrschaft werden Bordeaux und Bayonne französisch.

1453
Ende des Hundertjährigen Krieges. Erst 1475 offizieller Friedensschluß in Picquigny.

1527
Margarete von Angoulême (1492–1549) heiratet Heinrich von Albret, König von Navarra.

1555
Johanna von Albret (1528–1572) wird Königin, führt die Reformation ein und unterstützt die Hugenotten.

1562
Beginn der Hugenottenkriege.

1572
Bartholomäusnacht – Anführer des hugenottischen Adels und Tausende von Glaubensgenossen werden in Paris und auf dem Land ermordet.

1582–1586
Michel Eyquem de Montaigne, Philosoph und Wegbereiter des französischen Moralismus, ist Bürgermeister von Bordeaux.

1589
Der Hugenotte Heinrich IV. von Navarra besteigt den Thron, tritt aber 1593 zum Katholizismus über.

1598
Im Edikt von Nantes wird den Hugenotten freie Religionsausübung zugesichert.

1628
Fall von La Rochelle im Hugenottenkrieg.

1660
Ludwig XIV. heiratet die spanische Infantin Maria Theresia in St-Jean-de-Luz.

1685
Aufhebung des Ediktes von Nantes; viele Hugenotten flüchten.

1689
Geburt des späteren Schriftstellers und Staatstheoretikers Charles de Secondat Montesquieu (–1755) auf dem Schloß La Brède.

Ab 1715
In der Stadt Cognac Beginn der großen Kommerzialisierung des gleichnamigen Weinbrands.

1815
Schlacht von Waterloo und Verbannung von Napoléon nach Sankt Helena.

1940
Entdeckung der prähistorischen Höhle von Lascaux.

1944
Landung der Alliierten in der Normandie.

1945
Bombardement Royans durch die Alliierten, da sich dort deutsche Trupps verschanzt hielten.

1959
Gründung der baskischen Terrororganisation ETA (Euskadi ta Askatasuna = Baskenland und Freiheit).

1994
Entdeckung der Höhle von Combe d'Arc mit bis zu 20 000 Jahre alten Tierbildern.

1995
Jacques Chirac wird Staatspräsident.

1995/1996
Französische Atomtests in der Südsee beschwören weltweite Proteste herauf und führen zu einem Kaufboykott von Bordeauxweinen.

1996
Tod von François Mitterrand.

1997
Wegfall des konventionellen Wehrdienstes; Ersatzdienst auf den Gebieten Humanitäre Hilfe, Internationale Kooperation und Sicherheit.

Orts- und Sachregister

Hier finden Sie die in diesem Band beschriebenen Orte und Ausflugsziele. Außerdem enthält das Register wichtige Stichworte, landessprachliche Bezeichnungen sowie alle Tips dieses Reiseführers. Wird ein Begriff mehrfach aufgeführt, verweist die **fett** gedruckte Zahl auf die Hauptnennung. Die **Buchstaben-Zahlen-Kombinationen** nach den Seitenangaben verweisen auf die Planquadrate Karten.

An unsere Leserinnen und Leser:

Wir freuen uns, Ihre Meinung zu diesem Reiseführer zu erfahren. Bitte schreiben Sie uns, wenn Sie Berichtigungen und Ergänzungsvorschläge haben oder wenn Ihnen etwas besonders gut gefällt:

Gräfe und Unzer Verlag
Reiseredaktion
Stichwort: MERIAN live!
Postfach 40 07 09
Isabellastraße 32
80707 München

Alle Angaben in diesem Reiseführer sind gewissenhaft geprüft. Preise, Öffnungszeiten usw. können sich aber schell ändern. Für eventuelle Fehler übernimmt der Verlag keine Haftung.

Lektorat: Christof Klocker
Bildredaktion: Christof Klocker
Kartenredaktion:
Reinhard Piontkowski

Gestaltung: Ludwig Kaiser
Umschlagfoto: T. Stankiewicz
Karten: Kartographie Huber
Produktion: Helmut Giersberg
Satz: A. und M. Hubert
Druck und Bindung: Appl, Wemding
ISBN 3-7742-0321-0

Fotos
Alle Fotos T. Stankiewicz außer:
W. Dieterich 5, 64, 103
A. Drouve 4

Dieses Buch wurde auf chlorfrei gebleichtem Papier gedruckt

1. Auflage 1997